感谢贵州省优秀科技人才省长专项基金
系国家民委人文社会科学重点研究基地——南方少数民族非物质
（民委发〔2014〕37号）阶段性成果

乡村文化建设与农民社区认同研究

——以贵州民族地区为例

肖远平　刘洋／著

人民出版社

序

　　《乡村文化建设与农民社区认同研究——以贵州民族地区为例》是肖远平教授几年前主持的贵州省优秀科技人才省长专项基金课题结题成果，现经几易其稿将正式出版。远平是文化学人，但他的研究视阈又不仅限于文化学领域，本书就是他跨学科、多专业联动研究的新尝试。

　　乡村文化建设是个老议题，也是个新问题。新时期乡村文化建设已经被提升到国家发展战略的高度。从社会学视角看，文化是一个价值体系，它是由理念价值、规范价值、实用价值（即所谓道德理想、典章制度、器物行为）三个层面共同构成的统一整体，它是一个民族、国家自我证成的根本特征。远平强调农村社区的文化建设是提升社区居民精神素养的必要举措，是稳定农村社区建设过程的最佳途径，是增强社区居民凝聚力和认同感的一项重要措施，他以社会学为根骨，从文化切入社区认同，期待农村社区凝聚力、认同感和归宿感的提升，具有极其鲜明的现实意义。

　　本书从五个方面论述了农民社区认同的重要性。

　　第一个方面：农民社区认同是推进和谐社区建设的基本要求

　　在当前构建社会主义和谐社会的新形势下，农村社区必须要加快完成新型社区的转型，通过自身的力量去进行自我调节、缓解压力和满足不同群体的需要。一个社区是否牢固取决于社区农民的认同度，农民对社区的认同感越高，社区越加和谐与均衡；反之，则越加冲突和失衡。

　　第二个方面：农民社区认同是促进三个文明协调发展的必然要求

　　在精神文明建设方面，农民对社区的认同度越高，他们对社区的发展就会越加地关注，越会投入更多精力去发展社区的科技、教育、文化、卫生、体育等事业；物质文明建设方面，农民对社区认同度越高，他们就越能够踏踏实实地打基础、齐心协力地谋发展、众志成城地搞建设；在政治文明建设方面，农民对社区认同度越高，农民在自我管理、自我维护、自我发展等方面的自觉度就会越高，他们不再是被动的政治参与者，而是主动的政治参与者。

第三个方面：农民社区认同是解决农村社区控制弱化的根本方法

中国农村社会控制的弱化和加强是与国家和农民的关系密不可分的。要维护农村社会的和谐与稳定发展需要进一步赋权于民，充分发挥熟人社会的自主性，促使农村社会稳定从下到上、从内到外的稳定。而发挥农民自主性的关键在于推进农村社区的建设，加强农村社区的内聚力和社区控制力，加强农民对社区的认同感。

第四个方面：农民社区认同是推进三化同步跨越发展的重要抓手

首先，农民社区认同是农业产业化跨越发展的重要抓手，农业产业化要求以市场为导向，提高比较效益为中心，依靠农业龙头企业带动，将生产、加工、销售有机结合，实现一体化经营。其次，农民社区认同是工业化跨越发展的重要抓手，工业化是现代化的核心内容，是传统农业社会向现代工业社会转变的过程，工业化的发展不可能是孤立的发展，必须与农业现代化的发展相辅相成。最后，农民社区认同是城镇化跨越发展的重要抓手，正如李克强同志说的，"城镇化是扩大内需的最大潜力。""新型城镇化的核心是人，必须保护农民利益。""推进城镇化，要努力在改革攻坚中破解深层次矛盾"。

第五个方面：农民社区认同是乡村文化建设的核心力量，乡村文化是农村社区的灵魂

新型农村社区区别于城镇和村庄的关键在于其独特的文化。作为一个有生命的社区，必然要有一个灵魂，这个灵魂就是社区文化，就是这个社区区别于其他社区的风格和社区居民的精神追求与生活方式。这种精神追求与生活方式造就了每一个农村社区地灵魂和精髓，造就了每一个农村社区的内聚力，造就了每一个农村社区的社区控制力。

远平在民族地区高校从事民族教育工作多年，且有着丰富的基层工作经验，他勇于探索、勤于实践，一直勤奋耕耘在教学科研的第一线。这部大作在当前大发展大繁荣地时代环境下，无疑具有重要意义。在本书即将付梓之际，我谨向远平表示衷心祝贺！同时也期待看到他更多的研究成果！

李建军

2016 年 1 月

目 录

CONTENTS

乡村文化建设与农民社区认同研究——以贵州民族地区为例

乡村文化建设与农民社区认同研究
——以贵州民族地区为例

第一章

导 论

第一节 缘 起

一、背景

　　文化建设不仅是一个发展问题，还是一个社会价值体系问题，它关乎人们的身份识别与社区认同，乡村文化建设尤为如此。由于乡村生活、生产空间的平面性与城市生活、生产空间的立体型截然不同，如何理解与构建乡村文化建设成为农村社区治理的重大挑战。

　　事实上，党中央、国务院较早就开始了乡村文化建设的顶层设计，要求各级政府大力推进乡村文化建设，并提出了一揽子的解决方案①。2011 年 10 月 18 日，中共中央首次将"文化"作为核心议题②，再次强调了社会主义文化建设的战略地位③。2011 年 10 月 28 日，贵州省省委

---

　　① 中共中央办公厅、国务院办公厅：《关于进一步加强农村文化建设的意见》，中办发〔2005〕27 号，2005 年 11 月 7 日。

　　② 第十七届中央委员会第六次全体会议：《中共中央关于深化文化体制改革 推动社会主义文化大发展大繁荣若干重大问题的决定》，2011 年 10 月 18 日，新华网。

　　③ 《决定》较为核心的内容有：一是深化文化体制改革、推动社会主义文化大发展大繁荣，进一步兴起社会主义文化建设新高潮。二是文化建设是中国特色社会主义事业总体布局的重要组成部分。三是发挥人民在文化建设中的主体作用，坚持文化发展为了人民、文化发展依靠人民、文化发展成果由人民共享。四是把支持农村文化建设作为创建文明城市的基本指标。五是中央、省、市三级设立农村文化建设专项资金，保证一定数量的中央转移支付资金用于乡镇和村文化建设。

响应中央政策，首次将"多民族文化"作为核心议题，强调了贵州多民族文化的独特优势，明确了贵州文化持续发展、快速发展和科学发展的发展思路①。2012 年 11 月 8 日，中央再次部署文化建设，要求建成社会主义文化强国②。同时，少数民族文化建设也被纳入国家发展战略。2012 年至 2015 年中央连续四年发布一号文件，均强调要加强文化建设。③

中国特色社会主义文化建设，就是文化事业和文化产业的综合，就是大力推动科学、教育、艺术、体育、卫生事业发展。文化建设要重视文化产业和文化事业的协调发展，要把社会效益放在首位。

20 世纪 80 年代以来，乡村文化建设经历了"以国家制度供给为主，农民自我需要为辅"到"以农民自我需求为主，国家制度供给为辅"的巨大转变，乡村文化在自我建构、诉求表达、价值实现等方面取得了重大成绩，极大改变了农民的生产生活方式、行动逻辑和模式、思想价值和观念、社会关系和网络。特别是 20 世纪 80 年代后期"三农"问题提出以来，学者们从生态环境、经济生活、民俗礼仪、宗教信仰、宗族等角度考察乡村文化建设，取得了丰硕的成果，极大地推进了乡村文化发展繁荣。但随着经济社会的进一步发展，利益博弈的进一步复杂，城镇化、工业化、农村现代化等三化同步的进一步推进，乡村文化建设已经出现了新问题、新情况、新矛盾，系统、整体、全面地研究乡村文化建设的各种问题并提出对策建议，有助于社会主义文化大发展大繁荣，有助于更好更快、又好又快建设社会主义文化强国，有助于巩固全党全国各族人民团结奋斗的共同思想道德基础。

---

① 《中共贵州省委关于贯彻党的十七届六中全会精神推动多民族文化大发展大繁荣的意见》，2011 年 10 月 28 日，新华网。

② 胡锦涛：《坚定不移沿着中国特色社会主义道路前进　为全面建成小康社会而奋斗》，2012 年 11 月 8 日。

③ 中共中央、国务院：《关于加快推进农业科技创新持续增强农产品供给保障能力的若干意见》，中发〔2012〕1 号，2012 年 2 月 1 日。《关于加快发展现代农业进一步增强农村发展活力的若干意见》，中发〔2013〕1 号，2012 年 12 月 31 日。《关于全面深化农村改革加快推进农业现代化的若干意见》，中发〔2014〕1 号，2014 年 1 月 19 日。《关于加大改革创新力度加快农业现代化建设的若干意见》，中发〔2015〕1 号，2015 年 2 月 1 日。

贵州是欠开发、欠发达的多民族省份，在全国全面同步建成小康社会的时代背景下，国务院要求贵州加快发展、加速发展①，这不仅要求贵州实现区域内均衡发展和协调发展，更要求区域内实现社会主义联动发展和良性发展。贵州是多民族聚居省份，文化有其独特优势，文化建设不仅是对政治与经济的有力补充，也是构建和谐社会和生态社会的核心要素。因此，对贵州民族地区乡村文化建设与农民社区认同进行系统研究有其紧迫性和重要意义。

二、意义

　　贵州民族地区乡村文化建设与农民社区认同研究无疑对贵州，乃至西部地区经济发展、政治稳定、社会进步具有重大的理论和实际意义。

　　贵州是一个民族大省，有 55 个少数民族类别，17 个世居少数民族，少数民族人口占总人口的 38%，少数民族地区占全省总面积的55.5%②。改革开放以来，贵州民族地区经济社会迅猛发展，现代信息、思潮、观念迅速传播，这对民族地区乡村的传统文化与农民的社区认同产生了非常大的冲击。与此同时，农村不少地方文体活动场所和设施缺乏，业余文化生活贫乏，一些不良风气也迅速渗透乡村。在此种情况下，如何加强民族地区乡村文化建设，培育新的文化、增强农民的社区认同，构建一个文明祥和的乡村社会生活共同体，对和谐贵州的建设显得尤其重要和迫切。

　　具体来说，本书的研究意义体现在理论意义和现实意义两个方面。从理论意义而言，对贵州民族地区乡村文化与农民社区认同现状的调查，有助于阐释当前贵州民族地区乡村文化的特质与农民社区认同的条件和基础，能够深入剖析贵州民族地区乡村文化与农民社区认同之间的内在联系，并在经验基础上概括若干的理论模型，丰富、提升现有的相关理论。

---

　　① 国务院办公厅：《关于进一步促进贵州经济社会又好又快发展的若干意见》，国发〔2012〕2 号，2012 年 1 月 16 日。
　　② 数据来源于第六次人口普查。

从现实意义而言，贵州民族地区乡村文化建设与农民社区认同的议题，研究和回答了贵州民族地区乡村文化建设对农民社区认同和新农村建设的意义，着力解决了贵州民族地区乡村文化为何要发展、如何发展、向何处发展，提出了如何从文化层面构建贵州民族地区农民社区认同等重大实践问题。研究结果将有助于解答贵州民族地区新农村建设实践中面临的重大现实问题。

同时，本书的现实意义还在于向政府有关部门提供案例分析、经验总结，及政策咨询，推动贵州民族地区新农村建设的制度完善和政策完善，为构建贵州民族地区文明祥和的新型农村社会生活共同体提供参考思路。

第二节　研究现状与文献综述

一、关于乡村文化建设研究

事实上，作为一个与时俱进、不断发展的重大议题，乡村文化建设的内涵和外延并非一成不变的，而是在社会发展中不断自我调适。尽管文化精英们确信文化建设会带来好处，但由于文化建设给予社会的益处是隐性而非显性的，其建设速度相较于社会建设而言是缓慢的，更是远低于经济发展的速度，其重要性往往体现在纸面上和口头上，在实际执行中却难以体现。受国家政策导向，文化建设被重新纳入大众视野，引发了各界重视，学界从各角度对其进行了深入探讨，取得了诸多成果。但受制于"三农"问题的中国独创性，乡村文化建设并未取得突破性的进展。本节将着重梳理议题相关的成果，凝练相关研究成果之脉络。

考虑乡村文化建设是一个应用性议题，本书将学界、政界研究成果统一梳理，并不考虑其研究方法、视角的差异性，主要考察其研究思路的同一性。经过梳理，认为乡村文化建设相关研究成果多从以下几个视角着手：

第一，乡村文化建设的重要性和必要性，亦即乡村文化建设的意义。此类研究成果结论趋于一致，多认为"经济社会越发展，文化内涵越丰富，文化作用越强大"。如黄永林认为"农村文化建设与农村社会文明程度呈正相关性，农村文化建设越好，农村社会文明程度越高；农村社会文明程度越高，越能推动农村文化建设良性发展"[①]。他还认为，"农村文化的建设对农村经济社会发展有重要作用，不仅是农村经济社会发展的内涵动力，也是满足农民群众精神文化需求的重要方式。"又如徐承英认为"农村文化建设是新农村建设的重要组成部分，农村文化建设搞不好，新农村建设就不是完整的"[②]。一些学者高度重视新农村文化建设，认为"文化建设是新农村建设的重中之重，是提高农民整体素质的必然选择，是培养文化农民、技术农民、经营农民的根本要求"[③]。此外，还有诸多学者从不同角度论述了农村文化建设的意义，抑或在研究农村文化建设之前便详细讨论其重要意义，如《社会主义新农村文化建设的思考》[④]《新时期的农村文化建设：问题与措施》[⑤]《城镇化视角下的农村文化建设研究》[⑥]《边疆多民族地区新农村文化建设研究》[⑦]《新农村文化建设刍议》[⑧]《农村文化建设的内涵和视域》[⑨]《新农村文化体系建设的困与解》[⑩]《农村文化的迷失与建设》[⑪]《我国农村文化建设新思考》[⑫]《新农村视域下乡村文化建设的路径探索》[⑬] 等。

第二，探讨乡村文化建设中的困境与对策。此类研究成果大多以论文形式表现，从宏观视角出发，集中探讨文化建设中的难点，并提出相应的对策。如《湖南社会科学》副主编禹兰认为农村文化建设的前提

① 黄永林：《论新农村文化建设中的现代与传统》，《民俗研究》，2008 年第 4 期。
② 徐承英：《对社会主义新农村文化建设的思考》，《探索与争鸣》，2007 年第 1 期。
③ 徐学庆：《社会主义新农村文化建设研究》，华中师范大学博士论文，2007 年。
④ 唐金培，蔡万进：《社会主义新农村文化建设的思考》，《实事求是》，2006 年第 2 期。
⑤ 牟德刚：《新时期的农村文化建设：问题与措施》，《中州学刊》，2004 年第 5 期。
⑥ 孟芳：《城镇化视角下的农村文化建设研究》，《理论导刊》，2013 年第 6 期。
⑦ 黄小军：《边疆多民族地区新农村文化建设研究》，云南大学博士论文，2012 年。
⑧ 张庆满：《新农村文化建设刍议》，《江东论坛》，2006 年第 4 期。
⑨ 马永强，王正茂：《农村文化建设的内涵和视域》，《甘肃社会科学》，2008 年第 6 期。
⑩ 张玉春：《新农村文化体系建设的困与解》，《决策》，2015 年第 Z1 期。
⑪ 周维德：《农村文化的迷失与建设》，《甘肃社会科学》，2014 年第 3 期。
⑫ 冯莎，颜俊儒：《我国农村文化建设新思考》，《人民论坛》，2014 年第 14 期。
⑬ 练菊华：《新农村视域下乡村文化建设的路径探索》，《管理观察》，2015 年第 6 期。

是教育，只有教育出精神充实、信仰健康、风气高尚的农民，才能确保农村文化建设的稳步推进。同时，她认为农村文化建设面临诸多问题，在分析其原因的基础上提出了对策建议。① 再如，李应智认为"少数民族地区的相对贫困与落后是一个事实，贫困与落后已不是一个单纯的经济行为结果，而是与精神文化素质的提高密切相关"，他立足于贵州民族地区农村实际，进行了困境和对策研究。② 事实上，早在20世纪30年代开始的改良主义"乡村建设运动"便开始了文化建设中的困境和对策研究，梁漱溟先生的乡村建设理论便认为，中国"必走兴农业又引发工业之路"。除此之外，《农村文化建设：困境与路径选择》③《新农村文化建设的困境及对策——基于徐州新农村文化建设情况的调查与分析》④《农村文化建设的困境及其路径选择》⑤《新农村文化建设的困境与破解对策》⑥《转型期农村文化困境及对当前政策的认同与困惑》⑦《论新时期农村文化遗产保护的困境与对策》⑧ 等研究均考察了农村文化建设困境，但视角、方法上有所差异。

第三，和谐社会构建与乡村文化建设互动关系的研究。和谐社会提出以来，社会科学掀起了研究"和谐社会"的浪潮，作为构建和谐社会的重要组成部分——乡村文化建设亦不例外。此类研究成果较多，但大多从四个角度进行论述：

（1）乡村文化建设与社会主义先进文化的互动关系。这一角度的研究着重强调"各级党组织要重视城市与农村、区域与区域间文化的协

① 禹兰：《农村文化建设的现实困境与对策建议》，《湖南社会科学》，2013年第6期。
② 李应智：《贵州民族地区新农村文化建设的困境与对策研究》，华中师范大学硕士学位论文，2012年。
③ 郑伦楚：《农村文化建设：困境与路径选择》，华中师范大学硕士学位论文，2008年。
④ 胡振亚，胡波波：《新农村文化建设的困境及对策——基于徐州新农村文化建设情况的调查与分析》，《当代经济》，2009年第11期。
⑤ 齐峰，林尚然：《农村文化建设的困境及其路径选择》，《理论学习》，2006年第3期。
⑥ 崔光胜：《新农村文化建设的困境与破解对策》，《武汉冶金管理干部学院学报》，2011年第2期。
⑦ 杨在军：《转型期农村文化困境及对当前政策的认同与困惑》，《调研世界》，2006年第8期。
⑧ 于春敏：《论新时期农村文化遗产保护的困境与对策》，《广西师范大学学报（哲学社会科学版）》，2010年第4期。

调发展，要丰富偏远地区、农村地区和农民工等文化相对匮乏地区和人员的精神文化生活"。如，负周生认为："文化是兴国之魂，促进农村先进文化建设是全面实现小康社会目标的关键，农村文化建设作为农村全面发展的软力量，为全面实现小康社会目标提供精神动力和智力支持。"[1] 又如，江泳辉认为："目前，一些落后封闭的农村地区存在着小农意识浓厚、法制观念淡薄、封建迷信盛行、陈规陋习难改等与先进文化建设格格不入的现象。农村先进文化建设的大力推进，必须坚定指导思想，以基层组织建设为抓手，增加文化建设投入，加强青少年教育，并多渠道推进农村精神文明建设。"[2] 除此之外，学界、政界有较多成果论述了社会主义先进文化建设与乡村文化建设的互动关系，两者相辅相成、不可分割，社会主义先进文化指明了乡村文化建设的具体方向，乡村文化建设丰富了社会主义先进文化，如《浅议党的先进性与农村文化建设》[3]《龙胜坳背"不拆旧房建新村"的启示——"三个代表"与西部贫困山村文化建设略谈》[4] 《仪陇农村文化建设的现状及对策思考》[5]《让先进文化成为新农村建设的"助推器"——江苏省泰兴市曲霞镇农村文化建设的实践与思考》[6] 等等。

（2）全面建成小康社会与乡村文化建设的互动关系。全面建成小康社会内涵丰富，是一个极具包容性的概念，它不仅代表着人们物质生活的极大改善，也蕴含着政治生活的小康和文化生活的小康。当前，我国仍然是一个不均衡的小康，一方面，物质小康仍未完全实现，一部分人仍然未解决温饱问题；另一方面，文化小康远远跟不上物质小康的发展水平，尽管文化小康有一些发展，但从大局来看，农村学历层次不高、综合素质不强、知识水平偏低仍是常态，与全面建成小康社会的总

[1]　负周生：《对农村先进文化建设的思考》，《甘肃农业》，2012 年第 21 期。

[2]　江泳辉：《关于农村文化建设的理性思考》，《湖南行政学院学报》，2005 年第 4 期。

[3]　冯正明：《浅议党的先进性与农村文化建设》，《大众文艺》，2010 年第 1 期。

[4]　蒋玉凤：《龙胜坳背"不拆旧房建新村"的启示——"三个代表"与西部贫困山村文化建设略谈》，《中共桂林市委党校学报》，2002 年第 3 期。

[5]　何绪德：《仪陇农村文化建设的现状及对策思考》，《中共科技博览》，2012 年第 8 期。

[6]　卞维国：《让先进文化成为新农村建设的"助推器"——江苏省泰兴市曲霞镇农村文化建设的实践与思考》，《红旗文稿》，2006 年第 18 期。

7

第一章　导论

体布局相比，仍有一定差距。如中共保定市北市区委常委、宣传部长、农工委书记段秀丽认为："新型农民是未来发展的必然趋势，培养新型农民不仅是新农村建设的重大诉求，也是农民自身发展的长远之举。新型农民是高素质、高能力的农民，不仅能为新农村建设注入活力，还是社会主义现代化的重要组成力量。让农村文化更加繁荣要不断适应社会生活的新变化和群众接受习惯的新特点，运用多种资源、多种手段，通过多种形式，促进农村文化发展与繁荣。"① 又如，西宁市政协城北区委员会副主席汪丽认为："必须通过农村文化建设，更新农民的致富观念，提高农民科学文化素质，增强农民的创业本领。"② 除此之外，不少学者对某些地区的调研得出了几乎一致的结论，乡村文化建设与全面建成小康社会密不可分，如《全面建成小康社会中农村文化建设研究》③《关于加强广西农村文化建设的调研报告》④《民族山区农村文化建设中存在的问题及其对策》⑤ 等等。

（3）乡村文化建设与和谐社会建设的互动关系。和谐社会建设是当今热点议题，从和谐社会构建的层面出发，新农村文化建设势在必行，其关键原因在于经济发展必须与文化发展并行，两者不可缺位。如许蓓婷认为："经济社会高速发展的当前，人民日益增长的精神文化需要与物质生活水平不适应，特别是在广大农村，文化建设更是严重滞后，必须重视农村文化建设的发展，要以丰富多样的文化活动为突破口，不断丰富人民群众精神生活，不断提升农村文明程度，营造和谐的

---

① 段秀丽：《让农村文化建设更加繁荣》，见人民网理论频道，http：//theory. people. com. cn/GB/40537/14504656. html。

② 汪丽：《对创新农村文化建设长效机制的思考》，见 http：//www. xncb. gov. cn/html/328/16170. html。

③ 远翠平：《全面建成小康社会中农村文化建设研究》，哈尔滨理工大学硕士学位论文，2007 年。

④ 广西壮族自治区文化厅本书组：《关于加强广西农村文化建设的调研报告》，见 http：//www. gxnews. com. cn/staticpages/20081230/newgx495a30c0 – 1841018. shtml。

⑤ 向菊莉：《民族山区农村文化建设中存在的问题及其对策》，见 http：//roll. sohu. com/20120220/n335233603. shtml。

农村环境。"① 此外，《农村文化福利资本与文化福利治理》②《加强农村文化建设，推进农村社会和谐》③《论全球化背景下的中国农村文化建设与城市文化建设的互动关系》④ 均是此类研究成果，且结论趋于一致。

（4）乡村文化建设的比较研究。在许多学者看来，东部发达地区由于经济社会发展较快，农民的精神文化生活充实，文化生活质量提高，不仅物质生活由生存型向小康型转变，而且精神文化生活也由生存型向小康型转变，具有代表性的就是闲暇时间安排趋向科学合理，文化消费区域理性健康，伴随着精神文化生活的小康，文化消费在农民家庭总支出中所占比例逐步增加，农民文化消费需求日益增长。甚至可以判定，文化消费已经成为提高农民生活质量、文化质量和幸福感的重要组成部分。西部地区相较于中东部发达地区而言，西部农村文化事业相较于西部城市文化事业，西部农村文化事业相较于中东部农村文化事业，文化贫困、文化弱智、文化缺失等现象表现突出。甚至，在较为贫困落后的西部农村，已形成贫困产生文盲、文盲导致贫困的恶性循环。事实上，在西部偏远地区，由于经济欠开发、欠发达，政府投入不足，社会资金有限，公共文化基础设施建设极度落后甚至为零，电影这一基本文化消费甚至是奢侈品。不可否认，经济社会的发展、外来先进文化的进入，极大地改变了西部地区农民群众的思想观念，但长期以来封闭的地理环境、滞后的经济发展水平制约着农民群众思想观念的转变，严重影响农村文明建设进展。如，张良就城市社区与农村社区的文化认同建设作了横向比较，主要包括文化认同的宏观前提、行为基础、物质形态基础和功能基础，对农村社区的文化认同建设有一定的启发意义⑤。还有

---

① 许蓓婷：《构建和谐社会　加强农村文化建设》，《知识经济》，2011 年第 11 期。

② 侯志阳：《农村文化福利资本与文化福利治理》，《理论与改革》，2013 年第 3 期。

③ 马桂华：《加强农村文化建设，构建和谐社会》，《理论学习》2006 年第 8 期。

④ 范大平：《论全球化背景下的中国农村文化建设与城市文化建设的互动关系》，《湖北社会科学》，2005 年第 4 期。

⑤ 张良：《城市社区文化认同建设对农村社区文化认同建设的启示》，《华中师范大学研究生学报》，2009 年第 1 期。

诸如《新民主主义革命时期毛泽东梁漱溟农村文化建设思想比较研究》①《江苏·浙江新农村文化建设的比较分析》② 等等也这样认为。事实上，西部民族地区尽管乡村文化建设的物质基础较为薄弱，但独特的民族民间文化、保留完好的农村生态文化、多种多样的民俗文化较东部地区有极大的优势，若西部民族地区抓住此一特质，完全有理由建设独具自身特色且优秀的乡村文化。

第四，乡村文化建设的发展趋势研究。此类研究成果至少得出了三种结论：

（1）乡村文化的根基的暂时不可取代性。这类观点普遍认为"城市的物质生活奠定了城市文化生活的基础，但当前农村并不具备城市的物质生活基础。传统农村被政府、社会和城市文化强势改造，但改变后的农村并非我们期望看到的，而是变成一个戴着礼帽、打着领带但却穿着胶鞋的农民而已。所以，如果一定依照这种办法去工作，让农村一半在水中、一半在岸上，这样做的结果就是：一方面，把他们的胃口调得老高，让他们向往城市文明；另一方面，又不能不让他们留在农村，最后就是身在农村心在城市。因此，必须结合农村实际情况，催生农村本土现代文化，这种文化基于农村传统文化而生长，来源于传统文化又区别于传统文化，受现代文化影响而又不盲目跟随。因此，绝对不能用复制粘贴的方法复制城市文化、粘贴覆盖农村传统文化，这将带来不可弥补的损失"③。

（2）农村传统文化内驱力是力量源泉。这一观点主要认为"文化内驱力是核心力量，具有不可替代的重要作用，传统、观念、人才、行为、制度、知识等的文化力量与经济社会的发展呈正比，这些文化力量越强大，经济社会发展越迅速，因此，必须提升农村文化力量"。如，

---

① 张太成：《新民主主义革命时期毛泽东梁漱溟农村文化建设思想比较研究》，浙江师范大学硕士学位论文，2009 年。

② 史炳军：《江苏·浙江新农村文化建设的比较分析》，《安徽农业科学》，2011 年第 15 期。

③ 吴晓燕：《从文化建设到社区认同：村改居社区的治理》，《华中师范大学学报（人文社会科学版）》，2011 年第 5 期。

姜文静认为增强农民精神生活，凝聚传统文化内部驱动力，是新农村建设的动力所在。[①]

（3）乡村文化建设的未来将是"文化贫困到文化温饱再到文化小康"之路。这类观点主要认为："贫困是一个复杂多元的问题，它不仅代表着物质贫困，更多的是社会资源的不均衡，涵盖着智力、信息、制度、观念、人才、文化、行为的贫困。"美国著名人类学家刘易斯认为，穷人的贫困源于文化贫困，而富人的富有源于文化富有。而文化贫困在现实生活中则表现为自怨自艾，有宿命感；能力短浅，有无助感；知识缺乏，有自卑感；信息缺失，有失落感。因此，贫困来源于文化贫困，而非其他。有学者拓展他这个研究结论，认为贫困的根源在于解决物质温饱和文化温饱直接的关系，并将物质温饱比作钱袋，文化温饱比作脑袋，钱袋不富，则难以为脑袋提供物质条件，脑袋不富，则难以为钱袋提供可持续发展的动力。

从上述研究可以看出，不论研究者们采取何种方式、方法对乡村文化建设进行研究探讨，他们的研究成果均呈现出一种一致性与差异性：一致性即乡村文化建设的重要性被人们普遍接受；差异性即乡村文化建设采取何种路径并无统一定论。

二、关于农民社区认同研究

自德国社会学家滕尼斯提出社区或共同体概念以来，其内涵和外延一直处于不断变化之中。[②] 滕尼斯采用二分法，将人类群体生活抽象为两个概念，一是共同体；一是社会。在他看来，社区或共同体是一个自然形成的共同体，是基于共同区域内的群体而产生的，依据共同文化、信仰和历史记忆而存在，同时，他认为社区或共同体的基础是"本质意志"，是血缘、地缘和业缘等关系的集合。[③] 而社会依靠制度组织，依

---

① 姜文静：《提高农民科学文化素质，增强农民精神生活内驱力》，《中国科技教育理论版》，2011 年第 3 期。

② "社区""共同体"或"社群"，英文 community 译自德文 Gemeinschaft。

③ ［德］滕尼斯：《共同体与社会》，林荣远译，商务印书馆 1999 年版，第 2—3 页。

靠契约关系，其行动手段和行为目的在本质上是剥离的，因此"社会"是机械的。他认为，中世纪走向现代社会的历史就是"社区"走向"社会"的历史。

事实上，有学者认为"进入现代社会以后，腾尼斯意义上的社区或共同体逐渐趋向消解或衰落"①。当然，国内许多学者认为社区认同的概念应该是帕克的定义，他认为地域空间是社区认同与社会认同概念的核心区别，他强调"人们在现实生活中的活动永远发生于一定的时空范围内，从纵向时间序列梳理、研究社会现象是历史学的研究视阈，从横向空间序列梳理、研究社会现象是社会学的研究视阈，正是由于时间和空间的视阈转变，产生社区认同与社会认同的差异性。事实上，从社会学的研究视阈而言，作为团体内聚力基础的社会认同，在本质上体现出集体主义观念，在表现上体现出社会成员固有和共有的价值、信仰和行动取向；而作为个体生活需要的社区认同，在本质上更多地体现出居民对社区的心理特殊情感，它是个体在共同生存区域中，在互动中形成的心理依赖"②。通过梳理文献，我们可以发现关于农民社区认同的研究较少，即便是有关农民的社区认同，也大多集中于探讨城镇化、工业化、农业现代化中失地农民的社区认同，但间接的或者侧面的研究则呈多元化态势。

第一，从社区或共同体的类型及其转型或变迁的角度研究农民社区认同。此类研究大多认同改革开放后，国家对农村社会的强社会控制逐渐转弱，农民在脱离了国家强控制的束缚之后，农村社会生活共同体转型艰难。华中师范大学政治学研究院教授项继权认为，传统家族主导的村落是建立在血缘关系基础上的社会生活共同体，新中国成立后人民公社时期的农民社区则是在国家权力的强控制下变为一种"政社不分""政经不分"的经济共同体和生产共同体。随着改革开放后农村社会分化，建立在集体经济及强社会控制基础上的农村社区已然解体，在当前社会，应该加强农村公共服务建设，引导农村社会构建农村社会生活共

乡村文化建设与农民社区认同研究
——以贵州民族地区为例

---

① 吴理财：《农村社区认同及重构》，《中共天津市委党校学报》，2011年第3期。
② 吴理财：《农村社区认同及重构》，《中共天津市委党校学报》，2011年第3期。

同体。① 同时，他还认为，农村社区构建应该从生产共同体走向生活共同体，从村民自治走向居民自治，从城乡分割走向城乡一体。② 与此同时，各级政府也将农村社区转型作为施政的重点调研对象，如，绍兴市委党校讲师卢芳霞认为浙江省自 2008 年起开始全面推进农村社区建设，尽管浙江各地的农村社区治理均已取得较好成效，但仍普遍存在着一些问题，妨碍了农村社区建设的进一步推进，她强调以"网格化管理、组团式服务"为路径解决当前农村社区治理中面临的问题。③

第二，从农村人际关系及社会资本的角度研究农民社区认同。此类研究成果在某种意义上迎合了生物社会学的观点，正如汉密尔顿提出的亲缘选择理论（汉密尔顿法则）认为血缘关系是动物利他行为的核心要素，血缘关系越近，利他行为越强烈；血缘关系越远，利他行为越弱。而此种行为延伸到生物社会中被称为亲缘利他选择，较为典型的表现即是生物个体无偿为血亲付出，例如父母与子女、兄弟与姐妹之间的相互帮助。一般情况下，亲缘利他毫无功利目的，仅以血缘亲疏为指向，因此又被称为"硬核的利他"（Hard – core Altruism)④。如贺雪峰认为："乡土社会的信用并非源于契约，而是行为模式中面临同样问题不假思索的可靠性。"⑤ 事实上，他所论述的这种信用必须存在于农村熟人社会中，而这种熟人社会又是长期以来血缘关系的延伸，也可以称之为亲缘利他的延伸，这种亲缘利他所构建出的农村社会网络或者是农民所拥有的社会资本成了农村社区认同的核心要素。

第三，从农民合作的角度研究农民社区认同。此类研究有两种角度：一种角度是从自组织的角度论述，随着改革开放的深入，市场交换越来越替代了大部分的邻里互助，农民社区认同正处在转型角度，如，

———————————

① 项继权：《中国农村社区及共同体的转型与重建》，《华中师范大学学报》，2009 年第 3 期。

② 项继权：《农村社区建设：社会融合与治理转型》，《社会主义研究》，2008 年第 2 期。

③ 卢芳霞：《网格化管理、组团式服务与农村社区治理转型研究——以枫桥镇为研究样本》，2011 年中国社科院、浙江省委党校、浙江省社科联和浙江省委政研室共同举办的"加强和创新社会管理"理论研讨会论文集，见 http://blog.sina.com.cn/s/blog_ 907a963601012ya7.html。

④ 这里参考了郑也夫教授在其专著《信任论》中的观点。

⑤ 贺雪峰：《新乡土中国》，广西师范大学出版社 2003 年版。

张鸣认为，在经济社会急剧变迁的当下，市场交换的规则极大冲击了农村原有的社会诚信制度，更为重要的是值得信任的社会精英已然消逝，农村社会氛围陷入相互不信任的恶性循环，在这种环境中，农民当然难以合作。① 另一种角度是从非正式组织的角度出发，认为以爱好、共同利益、性格等要素组织的非正式组织替代了传统的乡村血缘网络，从而形成了新的社区认同机制。②

第四，从农民生活方式的角度研究农民社区认同。如，阎云翔用实证研究的方法追踪调查黑龙江省下呷村，认识国家力量退出基层社会，对农村个体的私人生活有重要影响，并强调这一重要影响是负面的。③ 在后续研究中，阎云翔认为今天的中国文化正在见证并孕育着一种新的从未出现过的个体主义。这种个体主义在过去是不被接受的，但如今却发挥着主导作用。④

第五，从公共领域视角研究农民社区认同。公共领域涉及的内容较多，诸如生态文化、公共文化、族群认同、民族民间文化等等，不仅涉及"硬"的方面，也涵盖"软"的方面。实际上，社区认同与公共领域建设呈正相关，无论是传统的公共领域与社区认同，抑或是现在的，都遵从这一逻辑。

三、关于乡村文化建设与农民社区认同研究

通过梳理，关于文化建设和社区认同的议题研究颇多，但关注两者互动关系的研究成果很少，涉及贵州民族地区的研究更是处于空白。总的来看，学界关于贵州民族地区乡村文化建设与农民社区认同研究有五个方面的特点：

第一，所涉学科较多但未形成联动作用。诸多学科如政治学、管理学、民族学、人类学、社会化、经济学均开展了相关研究，但各学科并

---

① 张鸣：《漫议乡间合作发生的文化条件》，《华中师范大学学报》，2004 年第 5 期。

② 王国勇，刘洋：《非正式组织与农村社会控制研究》，《农村经济》，2011 年第 6 期。

③ 阎云翔：《私人生活的变革：一个中国村庄里的爱情、家庭与亲密关系（1949—1999）》，上海书店出版社 2009 版。

④ 阎云翔：《中国社会的个体化》，上海译文出版社 2012 版。

未开展交叉研究，联动协调研究较少，系统性、整体性研究不足。

第二，研究方法并不重视第一手资料。规划研究和实证研究是诸多成果的主要研究方法，但多重视短期问题的解决，忽视了基础理论的研究，以至于陷入了致力于解决问题的泥沼。

第三，分析框架过于重视西方理论。西方学界开展此类研究较早，有较完善的理论，但过于重视西方理论忽略国情，容易陷于拍脑袋决策的困境，也不利于本土理论的构建。

第四，价值取向追求中庸。诸多研究成果在价值取向上过于追求中庸，有千篇一律的现象，往往数篇文章内容不同但结论一致，东部地区如此，西部地区亦是如此。

第五，研究内容零散而不系统。研究内容涉及方方面面，但系统、整体的论述不多，学理性也有待加强。

第三节　思路和方法

贵州民族地区乡村文化建设与农民社区认同研究，既是重大的理论问题，也是亟须破题的实践问题，它关涉贵州地区全面建成小康社会的宏伟蓝图，同时也关系民族地区能否实现跨越发展、快速赶超的重大战略，还是解决民族地区的风俗、历史、文化、自然地理与发达地区截然不同背景下文化建设的必由之路。为此，本书拟从剖析贵州民族地区乡村文化与农民社区认同关系的研究目标出发，基于贵州民族地区乡村文化与农民社区认同的现状调查，结合贵州民族地区乡村文化的功能需求与本土实践，分析贵州民族地区乡村文化建设与农民社区认同的关系，建构总体性的关系模型并进行理论诠释；探索以增强贵州民族地区农民社区认同目标下的乡村文化建设之具体途径和方式，提出当代贵州民族地区乡村文化建设的体制与制度创新路径，以及现实的可行方案。在这一思路的指引下，本书主要采用以下研究方法（图表 1–1）：

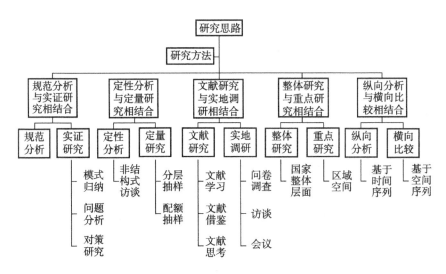

图表1-1 研究方法与思路图示

第一，规范分析与实证研究相结合。本书在现状分析、问题归纳等方面重规范分析，在理论总结、对策建议上重实证研究，意图理论与实践相结合，更深入地探索分析问题。

第二，定性分析与定量研究相结合。定量研究重视刚性数据的获取，定性分析弥补定量研究的不足。主要使用分层抽样与配额抽样相结合的方法，开展问卷调查和半结构式访谈，以获取相对完整的数据和资料。

第三，文献研究与实地调研相结合。本书研究在梳理前人研究成果的基础上，以实地调查为重要手段，在黔东南、黔南、黔西南各取一个典型村庄进行民族志调查，并辅以定量问卷调查、定性非结构式访谈以及参与观察法，尽可能全方位地获取第一手资料。

第四，整体研究与重点研究相结合。贵州民族地区乡村文化建设与农民社区认同研究既要从国家宏观层面入手，立足整体系统研究；又要重视贵州民族地区这一核心词，重点研究差异化的区域空间中的乡村文化建设与农民社区认同。

第五，纵向分析与横向比较相结合。本书重视比较研究，强调横向空间上的比较和纵向时间上的分析，从时间、空间两个层面开展贵州民族地区乡村文化建设与农民社区认同研究。

第四节　创新之处

本书拟从经验事实中建构出贵州民族地区乡村文化与农民社区认同之间的逻辑关系模型，并在理论上加以阐释，使贵州民族地区的乡村文化建设有的放矢。基于此，本书至少体现出三点创新之处：

第一，研究框架的创新。本书关注传统与现代互补的理论视角，强调破除传统与现代二元对立的思维定式，避免传统与现代、城市与乡村的对立。

第二，研究主题的创新。本书首次把贵州民族地区乡村文化与农民社区认同联系起来加以系统考察，探讨两者的逻辑关系，拓展了乡村文化研究的空间。

第三，研究视角的创新。本书立足于贵州民族地区农村，重视农民本位，承认并审视现代文化合理性的同时，重视传统—现代连续体中文化的适应性。而这样的研究成果也有望直接进入政府相关部门，服务于兴黔富民的发展战略，实现理论与实践的紧密结合。

第二章

乡村文化建设与农民社区认同的理论与实践

第一节 农民社区认同的基本内涵

农民社区认同的内涵与认同、社区认同等概念密切相关。研究农民社区认同对和谐社区建设、三个文明协调发展、解决农村社区控制弱化问题、推进三化同步跨越发展、乡村文化建设等方面具有重要意义。贵州省民族地区的乡村文化建设在民族民间文化保护、公共文化基础设施建设、生态文化建设、文化产业建设等方面进行了农民社区认同的实践，并取得了一定的成就。

一、认同

"认同"（Identification）作为一个常见的名词，在《辞海》中的解释是"共同认可，一致承认"，其词义至少有三点：（1）认为一致、相同，如某人强调"相信将能获得全国人民的认同与支持"；（2）认为彼此是同类，具有亲近感或可归属的愿望，如民族认同、国家认同、文化认同、阶级认同；（3）赞同，如《报告文学》1989 年第 8 期："这种信任不是随便的奉承，是因为他灵魂中爆出的那个亮点引起我的共鸣，并且立即获得了我的认同。"

据此，从词汇的表面上理解，认同至少包含两个层次的含义。

（1）认同是一种心理问题，如朗东尼·史密斯在《国家认同与欧洲统一观念》中认为正是因为欧洲长期以来在政治、法律、文化等方面的认同致使欧洲人民心理上的认同感，正因如此，欧洲的历史被认为是一体化的历史，从而造就了欧洲区别于其他区域。事实上，这种认可首先是基于一种心理上的认同。

长期以来欧洲被认为是一个整体，而当今欧洲似乎从政治、法律、文化等方面的历史中，找到了欧洲各民族人民区别于其他地区人民的集体记忆，这种集体记忆为欧洲各民族提供了共同参照的东西。

——朗东尼·史密斯《国家认同与欧洲统一观念》

（2）认同是一个严肃的社会问题，许小青在《辛亥革命与近代民族国家认同》中论述了辛亥革命之后政治认同、主权认同、共和观念等要素取代了辛亥革命时期的种族认同，这在当时的时代背景下无疑是一个严肃的社会问题。

1911年以降，种族认同因其自身的局限性，不再有其生存基础，主权在民成为新的认同基础，最终这种共和观念上升到法理层面……这一政治认同符号最终使民主共和国成为中华民族（境内各民族）共同的认同基础。

——许小青《辛亥革命与近代民族国家认同》

事实上，不管是何种"认同"，它必然逃离不了马克思所讲的"人与其他动物根本的区别在于人有社会属性"，即"认同"必须存在于人类社会中。因此，"认同"至少可以分为两个大类：

第一，自我认同（Identification），亦即个人认同，在心理学意义上，通常被解释为"个体对个体现状、生理现状、社会期待值、生活经历、现实境遇、未来希望等各层面的自我感知的总和，同时，自我认同也是一个完整、和谐的闭环结构，也能够被解释为追求自我统一性与连续性的感觉"。在现实生活中，通常表现为个人试图达到自己所期望的状态，当超过自己期望的状态时，个人认同感达到峰值；当与自己期望状态持平时，个人认同感达到均衡状态；当低于自己期望状态时，个人认同感明显下滑甚至产生自卑、逃避等情绪。在周瑞玲的案例中，我们可以看到，这名学生由于达不到自己所期望的状态，心理上出现了严重的障碍。

老师，我是一名大三学生，整天满脑子想的就是跟身边同学的竞争，为了几个月之后保研能保到一个好的学校，争取各种机会。现在学习完全成了一种功利性的活动，除了为个人争取社会地位之外，没有任何其他意义。由于这场争夺不是那么公平公开的，我感觉大家都在暗地里较劲，我自己也是一方面在尽力争取着各种机会；另一方面在其他同学面前还要隐瞒，这一点大家似乎心知肚明。我成绩不是最好的，但却希望得到最好的结果。制度没有给我设限，但也看得出来，同学们对我的这种追求不那么认可，在我遇到困难的时候，也没有丝毫同情。我感觉自己舍弃不了，但是又提不起劲来，感觉好累、好烦，结果该做的事情也做不好。

不知该如何调整自己的状态，求老师指导，不胜感激！

——周瑞玲（黑龙江分站主任）心理咨询师工作室

（来源于http：//www. psy525. cn/case/6471 – 476401. html）

在社会学的意义上，通常采用吉登斯的观点："自我认同至少体现出三个方面的内涵：（1）个体较为理性，能够正确看待所处客观环境，积极向上、奋发独立、热爱生活、精力充沛，较少有负面情绪；（2）人生目标明确，享受过程，能够在追求人生目标中体验到自我价值的实现，正确看待外人目光；（3）人际关系良好，能够尊重自我和他人的情感需要，在追求人生价值中能够提升自信心，同时又不屈从外界压力。"[1]

---

① 菅志翔：《族群归属的自我认同与社会定义——关于保安族的一项专题研究》，民族出版社 2011 年版。

自我认同的十个阶段：

第一，自我可以看成是个体负责实施的反思性投射。

第二，自我形塑着从过去到可预期的未来的成长轨道。

第三，自我反思是连续性、持续性的。

第四，自我认同是连续性的，正如同仪式叙事一般，为了使这种叙事变成鲜明的记述，也为了维持完整的自我感，日记、自传的写作与阅读成了处于现代社会生活中的个体寻求与建立自我认同的主要手段之一。

第五，自我实现要把握时间。

第六，自我反思不仅是心灵上的，也是身体上的，身体成为自我反思行动中的重要载体。

第七，自我实现要从机遇和挑战中找到平衡点，实现机遇和挑战的完美结合。

第八，自我实现源于自我诚信。

第九，个体应适时地进入自我实现的反思性动员的轨道之中，并且依据这种轨道才得以跨越。

第十，作为可信的自我成就的个人完整性，来源于在自我发展中叙事内对生活经验的整理。这是一种个人信仰体系的创建，它为个人把"第一忠诚给予自身"提供了手段。从个体建构与重构其生活史的方式来看，关键的参照点"来自内部"。

——吉登斯《现代性与自我认同》

第二，是社会认同，如果将认同分为广义和狭义，则社会认同是广义的认同，个人认同是狭义的认同。生长生活环境、个体发展方向造就了每个人不同的认同模式：从个人层面而言，有自我实现的认同、社会性别意识的认同；从群体层面而言，如阶层认同、文化认同等，但无论是个人认同抑或是群体认同，都可以称之为社会认同。正如周晓红教授所认为的："社会认同是社会的一种反映，自我应该被视为一种多维的和组织化的结构。"

认同（Identity）或社会认同（Social Identity）是社会学和社会心理学中最核心的概念之一，也是最为重要的术语之一，对认同的回答实质上就是对"我是谁""我在哪里""我们是谁""我们在哪里"的回答。在学界，认同常被译作统一性、同一性或身份，它是对"某一事物与其他事物相区别的认可，其中包括其自身统一性中所具有的所有内部变化和多样性。这一事物被视为保持相同或具有同一性"。

——周晓红《认同理论：社会学与心理学的分析路径》

事实上，学者们关于社会认同模式（Social Identity Model）的研究能够很好地反映社会认同这一定义，如在网络社会中，某一件商品会由于评论的优劣而获得不一样的社会认同，较为典型的例子是我们在网络购物时通常会选择评价较好、销量较高、人气较旺的商品，这便是社会认同模式所认为的"社会认同感并不经常起作用，而是在某种特点的情境中出现，又消失于某种特点的情境，但它一旦出现，个人的行为便会试图融于他所认可的社会规范，并根据情境产生行为"。

基于此，认同这一概念至少有两点是值得关注的：（1）认同存在于群体性行为中，必须产生于群体；（2）认同行为并不是时时刻刻发生的，而是在某种特定情境中发生的，并消失于另一特定情境。

二、社区认同

《市场经济词典》将社区定义为："社区是一个村庄、一个城市或城市中的一个街区。"[①] 并强调了社区的五个基本特征：人是基础，地域界限是范围，生活设施是保障，组织结构是手段，认同感是内核。[②] 实际上，这五者之间的关系紧密相连、密不可分、互为补充。

从图表2-1可以看出，一个完善的社区必须拥有"五个一"，即一个人群、一个地域边界、一个生活设施、一个组织机构、一个认同感。

---

① 吴振坤：《市场经济词典》，学苑出版社1999年版。
② 吴振坤：《市场经济词典》，学苑出版社1999年版。

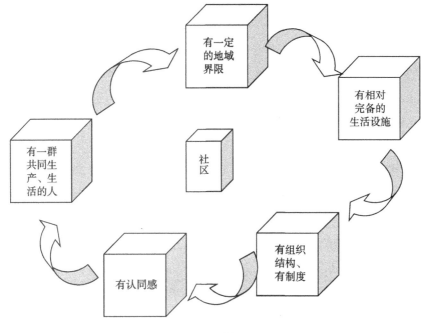

图表2-1 社区图示

第一，一个完善的社区必须拥有一个共同生产、生活的人群。这个概念体现出社区必须是由一个群体组成的，早在两千多年前，亚里士多德就在《尼各马可伦理学》中描写了一个共同体中的理想公民，并喊出了"于我们中的大多数人来说，好的生活就预设了在一个好的地方与他人生活在一起，而且我们成为好人的能力至少要部分依赖于那些与我们一起在世界和社会中生活的人们。人们总是生活在团体、大家族或部落之中，部落又衍生出大型的城市和民族。""人是一种社会动物。"事实上，继帕累托将"经济人"① 这一名词引入经济学后，与之相对的"社会人"② 概念早已深入人心。

第二，生活在社区的人必须是由一定的生产关系或社会关系组织起

<hr />

① 经济人（Economic Man），即假定人思考和行为都是目标理性的，唯一试图获得的经济好处就是物质性补偿的最大化。

② 社会人（Social Man），在社会学中指具有自然和社会双重属性的完整意义上的人。通过社会化，使自然人在适应社会环境、参与社会生活、学习社会规范、履行社会角色的过程中，逐渐认识自我，并获得社会的认可，取得社会成员的资格。

来的。在城市，随着经济社会的发展，人们通过劳动获取报酬并不局限于某一区域，这也导致了生活在同一区域的人们并不一定存在生产关系，但他们之间一定存在社会关系，从参观到吃饭、共同打扫公共区域卫生、甚至是红白喜事都是他们社会关系的表征。在农村，传统的"熟人社会"仍然是重要的特征，随着国家惠农政策的进一步推进，如2013年中央一号文件提出"鼓励和支持承包土地向专业大户、家庭农场、农民合作社流转"，这正显示了国家认识到"农村生产力相对落后，体现在劳动力、生产资料、分配方式、产品交换等生产关系的各个环节上"，在宏观调控上努力"变落后的生产力为发达的生产力，需要调整和改革生产关系"。

第三，完善的社区必须拥有一个地域边界。这个概念至少体现出两层含义：（1）社区的空间构成要素，社区必须拥有边界、中心和连续三个特征，边界是社区的基本构架，标志着主体共同生活的最大范围，边界使社区初步确定了内涵和外延。中心是社区的核心，也是社区居民集体行动的逻辑、动力和根本，更是社区内聚力、控制力和凝聚力产生的基础。连续是社区的渐变结构，是群体共同生活的动态性表现，是社区各要素各系列的连续。"边界—中心—连续"是整体结构的三个要素，相互依赖、相互存在。没有边界，就没有凝聚力和内聚性；没有凝聚力和内聚性，边界自然也就无法存在。没有了渐变结构，群体自然失去了动力，渐变结构自然消逝。只有三者有机结合才能保证社区的存在。（2）完善的社区必须有地域边界，这是社区存在和发展的基本条件和基本要求，是社区居民生产、生活、交流、互动的依托，更是形成社区控制力的重要条件。没有地域边界，亦即没有社区这个概念。

第四，完善的社区必须拥有相对完善的生活设施。试想集中生活于某一区域的人们连基本生活都不能保证，这一区域的人们还会聚集在一起吗？因此，社区拥有相对完善的生活设施是基本的硬件条件。

第五，完善的社区必须拥有一定的组织机构和管理制度。这个概念至少体现出两层含义：（1）社区必须有一定的组织机构，由于社区是人群集中居住、生产、生活的地域，为保证社区有序开展活动，社区居民通过放弃自己的一部分权力交给社区，和社区构建一种契约关系，用以保障社区正常、有序地运行。如果没有一定的组织机构，社区的公共事务无法得到有效管理。（2）社区必须拥有一定的管理制度。一个和谐、有序的社区必须有一定的管理制度，这种管理制度并不是强权，而是确保社区公共服务的有序进行，确保社区公共服务的内聚力，确保社区公共服务的和谐稳定，确保社区的社区控制感，确保社区公共服务的高质高效。

一个完善的社区必须拥有认同感，这个概念体现出两层含义：第一层是认同感缺失的社区不能称之为社区，如，吴理财等在考察武汉蔡甸农村社区时得出结论："接下来考察一下村规或习俗的理论，73.7%的人表示做一件事情的时候会考虑是否违反了村规或习俗，23.7%的人表示会一般考虑，只有2.6%的人表示很少考虑。可见绝大多数被访者（97.4%）在形式逻辑中会考虑（或至少在口头上认为应该考虑）村规或习俗的约束。"[1] 第二层是一个被外来文化湮没的，丧失了原本文化传统的社区也不能称之为社区。正如涂尔干曾经说过："每个民族的文化结构、道德准则并非天然形成的，而是依赖于他们的经济社会环境。如果强行灌输给他们另外一种道德，不管这个道德有多么高尚、伟大，这个民族势必会瓦解，而这个民族的各个个体会更加清晰地感受到这种痛苦。"[2]

基于此，概况社区的五个特征详情如下（图表2-2）。

如前所述，社区认同或社区认同感作为社区的基本特征之一，植于社区、长于社区、展于社区，没有社区，自然谈不到社区认同感；没有社区认同感，社区自然也是无法维系的。强的社区认同由较好的社区管理、组织机构、政治认同、文化认同等共同作用而成，同时又反作用于社区的稳定，强化社区的内聚力。弱的社区认同由交叉的社区管理、组织机构、政治认同文化认同而导致，同时又导致社区内聚力下降，社区

---

① 吴理财，李世敏，张良：《新农村建设中的农村文化：现状、问题及对策》，《当代中国农民文化生活调查》，知识产权出版社2011年版。
② ［法］埃米尔·涂尔干：《社会分工论》，渠东译，生活·读书·新知三联书店2000年版。

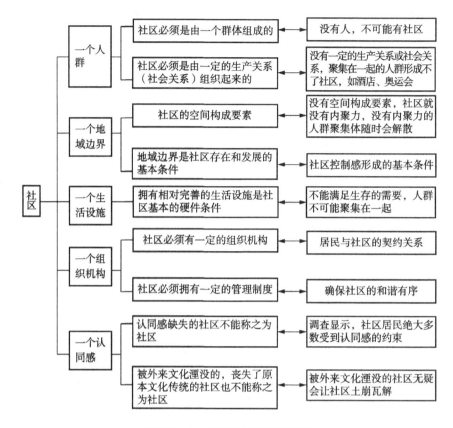

图表2-2　社区的五个特征详情

出现不稳定。但不管如何，社区认同作为一个影响社区居民的重要因素，考察居民的社区认同必须置身于社区具体情境中才能得到理解，即必须采用"参与式观察法"似的研究手段才能得到真实结论，否则便会造成事实上的离开情境搞研究，最终的结论只能是基于研究者自身的价值判断。

三、农民社区认同

与城市社区认同相比，学界关于农民社区认同的概念至少有三点并未达成一致。

第一，农村社区的类型划分并未达成一致，导致研究农村社区控制感、内聚力等因素时概念模糊、分析错误、结论失真。学界一般将农村社区分为三种类型（图表2-3），这三种类型在特征、存在问题、关系组成、社会组织、社会制度、社区控制感、内聚力和认同感等方面均存在较大差异。

图表2-3　散村社区、集村社区、集镇社区和城市社区比较

	散村社区	集村社区	集镇社区	城市社区
特征	人数少、熟人社会，社会秩序焦点不明显	人数较多、规模较大，社会秩序焦点较为明显	多个村落的中心，有明显的社会秩序焦点，有明显的活动中心	一定区域内有固定生活方式并且具有成员归属感的人群所组成的相对独立的社会共同体
问题	与外界交往少、社会流动少	自然形成，对地理环境要求高	数量少，社会力量不强大，政府介入过多	城市社区一般较为完善，当前城市社区的重要着力点在于引导、鼓励、加强社区居民自我管理、自我完善、自我维护、自我发展
关系组成	血缘关系	血缘关系为主，地缘关系为辅	地缘关系为主，血缘关系为辅	地缘关系为主，血缘关系为辅
社会组织	弱	中	强	弱、中、强有可能
社会制度	弱	中	强	弱、中、强均有可能
社区控制感	强	弱、中、强均有可能	弱、中、强均有可能	弱、中、强均有可能
内聚力	强	弱、中、强均有可能	弱、中、强均有可能	弱、中、强均有可能
认同感	强	弱、中、强均有可能	弱、中、强均有可能	弱、中、强均有可能

第二，城市社区与农村社区的特点不一致，导致农村社区与城市社区的研究方法、手段有较大的区别。特别是农村社区的地域界限、人口密度、人口素质、社会问题、从事职业、社会组织、经济、文化、科技、血缘关系、地缘关系和生活方式等均与城市社区有较大差距，也直接导致了农村社区的社区控制感、内聚力和认同感等来源有较大差距（图表2-4）。

图表2-4 农村社区和城市社区特点比较

	农村社区	城市社区
地域界限	大	小
人口密度	小	大
人口素质	低	高
社会问题	少	多
从事职业	广义农业为主	商业、工业为主
社会组织	少	多
经济	差	优
文化	差	优
科技	差	优
血缘关系	重视，多	比较重视，少
地缘关系	较少	较多
生活方式	单一	丰富
结论	社区控制感、内聚力和认同感等来源有较大差距	

第三，从静态的角度来讲（图表2-5），城市社区与农村社区的特征不一致，导致农村社区的研究与城市社区的研究有较大区别。

图表2-5 静态角度比较农村社区和城市社区的特征

	农村社区	城市社区
结构体系	相对完善的社会结构体系、单一	完善的社会结构体系、复杂
主体	农村居民	城市居民
社会分工程度	低	高
团结	机械团结	有机团结
基础性经济生活	农、林、牧、渔业	工业、商业
从事职业	广义农业为主	商业、工业为主
社会控制方式	非正式的社会控制	正式的社会控制
思想	一般而言较为传统，不易接受新事物	一般而言传统习惯影响小，新事物接受快
结论	农村社区的认同感基于血缘关系为主、地缘关系为辅，以集体主义为连接纽带的机械团结	

事实上，仅从静态的角度考察农村社区和城市社区认同感的区别是

片面的，从动态的角度讲，经济社会的发展造成了农村社区开放程度由封闭转向开放，劳动人群由同质性转向异质性，社区经济活动由简单化转向复杂化，社会控制由强控制转向弱控制等等。

基于此，农民社区认同的研究不仅要考虑静态意义上的农村社区，更要考虑动态意义上的农村社区。

第二节　农民社区认同的重要意义

徐勇指出：传统农村社区从本质上讲，和传统社会没有什么区别，都是一种文化共同体。但经济社会的发展，外来文化的强势进入，现代国家的构建，农村被外部性因素极大改变，已然不是自然状态，更多的受国家政策影响，成为国家政策规划性的产物。当前，农村社会正发生急剧变迁，农村社区已经不再是传统的文化共同体，而成为多种因素制约影响下的地域共同体。在当前新农村建设的背景下，农村社区建设更重要的是通过改善农村环境、提升物质生活水平、满足精神生活需要、提高生活质量来形成农村社区的内聚力，强化农民群众的归属感，从而培育出适应现代化发展需要的社会生活共同体。① 因此，农民社区认同作为农村社区和谐、稳定、科学、有序发展的核心要素，至少体现出五点重要意义。

一、农民社区认同是推进和谐社区建设的基本要求

社区是组成社会的细胞，是居民群众的社会生活共同体，加强社区建设对于社会主义经济建设、政治建设、文化建设、社会建设、构建社会主义和谐社会都具有十分重要的意义。

随着经济社会的跨越发展，随着改革开放的深入发展，三化②同步的进程不断加快，国家强社会控制从农村退出，农村社会控制弱化。失

---

① 徐勇：《在社会主义新农村建设中推进农村社区建设》，《江汉论坛》，2007 年第 4 期。
② 城镇化、工业化、农业现代化。

去强社会控制的同时，农村并没有足够的时间、足够的空间、足够的资源完成新的社会结构体系的构建，也正因为如此，农村问题始终是党和国家政策的聚集点，始终是各种利益关系免冲的始发点，始终是各种社会矛盾的敏感点。在当前构建社会主义和谐社会、全面建成小康社会的新形势下，农村必须加快完成新型社区的转型（图表2-6），通过社区自身力量调节社区自身，通过社区自身力量面临不同群体，通过社区自身力量满足不同群体需要，通过社区自身力量缓解不同压力，通过社区自身力量维护不同利益，通过社区自身力量化解不同矛盾。而社区力量的内聚力、社区控制力的强弱正取决于农民对社区的认同，农民对社区的认同感越高，社区内聚力越强，社区越趋向稳定、越趋向和谐、越趋向均衡；反之，农民对社区认同感越低，社区内聚力越弱，社区越趋向松散、越趋向冲突、越趋向失衡。

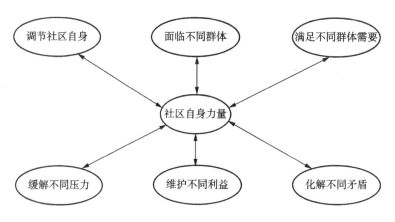

图表2-6　社区自身力量的目标

二、农民社区认同是促进三个文明协调发展的必然要求

社区建设是新农村建设的重要载体，是和谐社会发展的必然要求，是顺应时代潮流的历史使命，农民社区认同是社区建设的核心因素，农民社区认同（图表2-7）在精神文明建设、物质文明建设、政治文明建设等三个文明建设中地位特殊，作用重大。

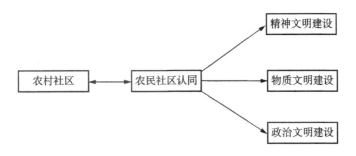

图表2-7 农民社区认同与三个文明关系图

在精神文明建设方面，农民社区认同度越高，农村社区科技、教育、文化、卫生、体育等事业越能健康发展，这个观点是经过反复调查论证后得出的。农民社区认同度越高，对社区发展越关注，越会投入更多的精力、时间、金钱在社区，越会教育子女在将来为社区发展尽心力，越会利用自身的社会网络为社区发展作出贡献。

在物质文明建设方面，农民社区认同度越高，农村经济势必会发展得更好，众人拾柴火焰高，社区认同度越高的农村社区，越能够踏踏实实打基础、齐心协力谋发展、众志成城搞建设，如此，在招商引资、优化经济发展环境、产业聚集、民营经济等领域，自然舍得放弃、舍得付出，自然能得到收获。

在政治文明建设方面，农民社区认同度越高，政治参与度越高，基层民主政治建设越科学、越有序。社区认同度高的农村社区，农民在自我管理、自我维护、自我发展方面的自觉度越高，他们不再是被动的政治参与，而是主动的政治参与。

三、农民社区认同是解决农村社区控制弱化的根本方法

尽管农村基层民主政治建设在经过了三十多年的实践后逐步成熟和完善，但农村社会控制弱化并未得到根本性的改变。一方面，传统伦理和风俗始终未能找到一条适应现代化发展的合理道路；另一方面，国家权力在退出基层后，农村社会控制体系缺失。

从逻辑上看，中国农村的发展，农村社会控制的加强与弱化，均与国家政策导向有直接联系，国家政策收紧，农村社会控制加强；国

家政策宽松，农村社会控制弱化。国家与农民的关系调整，归根到底在于国家赋权农民，而社会控制弱化的根本原因在于仍须进一步赋权农民，推进国家、社会、农民自身等多方力量的共同治理，实现农村自下而上、从内到外的和谐稳定。而发挥农民自主性的关键在于推进农村社区的建设，加强农村社区的内聚力和社区控制力，加强农民的社区认同感。

四、农民社区认同是推进三化同步跨越发展的重要抓手

实践证明，工业化、城镇化、农业现代化协同发展是全面建成小康社会的必经之路，是经济发展与社会效益协同发展的必由之路，是农村社区和谐、稳定发展的重要抓手。

农民社区认同是城镇化持续发展的重要抓手，国家总理李克强指出："城镇化是扩大内需的最大潜力。""新型城镇化的核心是人，必须保护农民利益。""城镇化的大力推进必须进一步深化改革，努力破解各种深层次矛盾。解决城镇化发展面临的发展方式转变、经济结构调整、户籍改革和社会管理等问题。"① 城镇化发展必须以人为本，只有保障农民利益，散村模式、集村模式、集镇模式②的农村社区中的农民才会认同国家政策、认同农村社区、认同发展模式，同时，农民社区认同度越高，越能支持和推进城镇化的发展。

农民社区认同是工业化跨越发展的重要推力，作为现代的核心内容，工业化是实现传统农业社会转向现代工业社会的必然过程，工业化的发展与农业现代化紧密结合，不可分割，是协调联动的发展。同时，工业化要求土地的集约使用，农村社区有助于统一管理土地、有助于统一配置土地、有助于统一使用土地。因此，农民的社区认同度越高，对农村社区发展越渴望，工业化跨越发展的阻力越小。

农民社区认同是农业现代化科学发展的重要保障。农业现代化导向

① 李克强：《李克强论城镇化》，《21世纪经济报道》，见 http：//news. hexun. com/2013 - 03 - 02/151637019. html。

② 见图表2-3，散村社区、集村社区、集镇社区和城市社区比较。

是市场，中心是效益，动力是企业，"导向＋中心＋动力"一体化要求"生产＋加工＋销售"一体化。农业现代化的每一个环境，从原材料的生产、原材料的加工，产品的销售均需要每一个部分的主动参与，而农民社区认同显然是农民主动参与的基本保障，农民对社区的认同感越高，主动参与农业产业化的积极性就越高，反之，则越低。

五、农民社区认同是乡村文化建设的核心力量

乡村文化建设是农村社区的灵魂，是农民社区认同的核心力量。新型农村社区不同于城镇社区和传统农村社区的关键在于文化的独特性。一个有生命力的社区，必然有一个有生命力的灵魂，社区文化就是这个灵魂。一方面，社区文化是区别于其他社区的根本要素；另一方面，社区文化也带来了社区居民精神追求和生活方式的异同。① 换而言之，社区文化造就了每一个农村社区的灵魂和精髓，造就了每一个农村社区的内聚力所在，造就了每一个农村社区的社区控制力所在。

乡村文化建设是农村社区的个性，是农民社区认同的核心力量。农村社区个性的体现在于每一个农村社区均有自己的灵魂、自己的文化内核、自己的文化定位。在农村社区建设中，文化建设推力和张力越大，文化个性越明显，社区活力也就越强。反之，照搬照抄式的农村社区建设势必会陷入千篇一律、千村一面、千镇一面的误区。

乡村文化建设是农村社区的助推器，是农民社区认同的核心力量。农村社区建设必须坚持以人为本，切实改善民生，加强组织建设，引导社会治理，重视生态保护，营造和谐环境，打造好的、文明的社区环境。从政府层面上来讲，就是要把服务群众、改善民生作为新型社区建设的出发点和落脚点；从农村社区居民层面上来讲，就是要着力打造核心文化，围绕这一核心文化加强农民社区认同感和社区内聚力。

---

① 纪维建：《着力打造新型农村社区文化》，《理论学习》（山东），2012 年第 9 期。

第三节　贵州民族地区乡村文化建设和社区认同的实践与成就

一、民族民间文化保护和传承与农民社区认同

非物质文化遗产（Intangible Cultural Heritage）范围较为广泛①，涵盖各种生产生活实践、艺术表演、技能体系等，其典型特征为世代相传，其核心是使传承者具有一种认同感和历史感，从而促进了文化多样性和激发了人类的创造力。从概念中得知，非遗绝非仅仅作为一个符号而存在，而是一个文化综合体，具有促使人们在特定时空拥有一致性认同感、历史感的作用。

由于自然环境和历史条件的原因，贵州经济社会发展较为缓慢，是"两欠"②地区。但贵州丰富的多民族文化资源保存完好，17个世居少数民族③在历史演进中累积了丰富的、独特的、有价值的民族民间文化，形成了较高历史价值和学术价值的"文化千岛"奇观。这些独具特色的文化遗产不仅是贵州的宝贵资源，也丰富了中华民族文化遗产的多样性，更是世界文明的重要组成。正如贵州省民族民间文化保护促进会所强调的："贵州是天然的文化博物馆，人们如果要找寻失落的文明，必须来到这里。"

截至2015年1月15日，贵州共确认了贵州省第一批省级非物质文化遗产代表性项目名录（附录1，91项）、贵州省第二批省级非物质文化遗产代表性项目名录（附录1，共202项）、贵州省第三批省级非物质文化遗产代表性项目名录（附录1，108项）、贵州省第四批省级非物

---

① 联合国教育、科学及文化组织：《保护非物质文化遗产公约》，2013年10月17日在巴黎通过，2006年4月生效。

② "两欠"指欠开发、欠发达。

③ 17个世居少数民族指苗族、布依族、侗族、土家族、彝族、仡佬族、水族、回族、白族、瑶族、壮族、畲族、毛南族、蒙古族、仫佬族、满族、羌族。除17个世居少数民族外，汉族也是世居民族。

质文化遗产代表性项目名录（附录 1，共 121 项）。截至 2014 年 11 月 11 日，贵州省共确认了贵州省第一批国家级非物质文化遗产代表性项目名录（附录 1，共 31 项）、第二批国家级非物质文化遗产代表性项目名录（附录 1，共 39 项）、第三批国家级非物质文化遗产代表性项目名录（附录 1，共 20 项）、第四批国家级非物质文化遗产代表性项目名录（附录 1，共 15 项）。另外，侗族大歌等非物质文化遗产入选世界非物质文化遗产代表性项目名录。

经过梳理，我们能够确认贵州非物质文化遗产丰富，遍及九个地州市，涉及所有的民族自治县，涵盖 17 个世居少数民族（图表 2-8）。事实上，非物质文化遗产仅仅是贵州民族民间文化中的一部分，还有许多非物质文化遗产等待我们去挖掘、整理、研究、开发、展示、保护、传承。

图表 2-8　贵州省 17 个世居少数民族分布

民族	主要居住地域
苗族	黔东南苗族侗族自治州、黔南布依族苗族自治州、黔西南布依族苗族自治州三个自治州各县，毕节市，铜仁市各县，六盘水市和贵阳市郊区
布依族	黔南布依族苗族自治州、黔西南布依族苗族自治州两个自治州各县，安顺市，贵阳市，六盘水市
侗族	黔东南苗族侗族自治州各县，铜仁市玉屏侗族自治县、江口县、石阡县、万山区
土家族	铜仁市沿河土家族自治县、印江土家族苗族自治县，黔东南苗族侗族自治州镇远县、岑巩县，遵义市道真仡佬族苗族自治县
彝族	毕节市各县，六盘水市水城县、盘县、六枝特区
仡佬族	遵义市务川仡佬族苗族自治县、道真仡佬族苗族自治县，安顺市平坝区、普定县、关岭布依族苗族自治县，铜仁市石阡县，毕节市黔西县
水族	黔南布依族苗族自治州三都水族自治县、荔波县、都匀市、独山县，黔东南苗族侗族自治州榕江县
回族	毕节市威宁彝族回族苗族自治县，黔西南布依族苗族自治州兴仁县，安顺市平坝区、普定县，六盘水市各县，贵阳市
白族	毕节市大方县、威宁彝族回族苗族自治县、织金县、黔西县、赫章县，六盘水市盘县
瑶族	黔南布依族苗族自治州荔波县，黔东南苗族侗族自治州从江县、丹寨县、榕江县，黔西南布依族苗族自治州望谟县

民族	主要居住地域
畲族	黔东南苗族侗族自治州麻江县、凯里市，黔南布依族苗族自治州都匀市、福泉市
壮族	黔东南苗族侗族自治州从江县、黎平县，黔南布依族苗族自治州独山县、荔波县
毛南族	黔南布依族苗族自治州平塘县、独山县、惠水县
蒙古族	毕节市大方县、黔西县、金沙县、纳雍县，铜仁市石阡县
仫佬族	黔东南苗族侗族自治州麻江县、凯里市、黄平县，黔南布依族苗族自治州福泉市、都匀市、瓮安县
满族	毕节市黔西县、大方县、金沙县
羌族	铜仁市石阡县、江口县

正如联合国关于非物质文化遗产的定义，非物质文化遗产在特定情境中能够促使这一情景中的人们拥有一种一致性的认同感和历史感，不仅非物质文化遗产如此，民族民间文化更是如此，民族民间文化同样能够在特定场景中（如某一社区）促使这一情景中的人们拥有一种一致性的认同感和历史感。贵州目前较为重视民族民间文化建设，并取得了一系列的成果。

第一，广泛开展调研、收集、整理、编撰民族民间文化书籍，利用现代科技开展民族民间文化资源信息网络建设。拍摄了苗族、布依族、侗族、水族、仡佬族、土家族、彝族、瑶族、回族、羌族、仫佬族和毛南族等12个民族的史料风情片；挖掘整理、提炼民族传统体育项目130多个，推出了独竹漂、芦笙技巧、高台舞狮、莲花十八响等传统体育项目和《乌蒙欢歌》《好花红》《多彩贵州风》《天边外》等一大批在全国有影响的民族剧（节）目；编辑出版了《贵州苗族芦笙》《贵州布依族民歌选》《侗族民歌》《贵州水族仡佬族民间音乐》《贵州彝族民歌选》《贵州花灯资料》等"集成"及《贵州民间艺人小传》《贵州少数民族节日大观》《贵州节日文化一览表》《贵州艺术之乡集锦》等①书籍。开通了"贵州民族民间文化资源信息网""贵州非物质文化遗产网"等网站；建立了各类民族博物馆，如中国第一座生态博物馆黎平堂安侗寨博物馆。

第二，建立健全民族民间文化进课堂的政策，明确资源支持的具体内容。（1）加快建立健全贵州民族民间文化进课堂的政策步伐，不断拓宽民族民间文化进课堂的范围，加深民族民间文化进课堂的深度，将民族民间文化进课堂体制化，让民族民间文化进课堂纳入学校的日常教学工作。（2）遵循"物尽其用，适才而为"的用人原则，与当地特色相结合，鼓励懂得乡土知识的大学生回到家乡，给予了解或精通濒临失传的少数民族文化的大学生相关的支持和优惠。（3）明确资源支持的具体内容，改变资金多用于基础设施建设而很少考虑少数民族文化的现状，要树立物质文明和精神文明齐发展的思想观念，不能够只考虑物质文明建设而忽略了民族文化的传承。

第三，充分发挥民间艺人、民间传承人的作用。一是积极引进民间艺人、民间传承人进入教育教学领域，采取学校教学、社区教学、传习所教学等形式，激发民间文化自身活动。二是给予物质和精神上的双重支持，一方面，在经济上给予一定扶持，保障其生活水平；另一方面，给予精神上的鼓励和激励，发放荣誉证书，提高社会地位，增强社会认可，促使其自我价值实现，从而激发其主观能动性，主动参与到民族文化的保护、传承和转型中。

贵州省关于民族民间文化的有益实践无疑提升了民族民间文化的地位，增加了民族民间文化的价值，有效推动了民族民间文化的保护和传承，有效提升了农村社区的内聚力，有效地推进了农村社区的和谐发展。正如省级艺术之乡授牌制度，通过对集镇社区和集村社区的授牌，强化了长期存在于农村社区的传统文化和传统理念，使农民更加关注社区的发展，甚至在与人交流自我介绍时顺带强调"我是来自于某某之乡"，不仅强化了自身对农村社区的认同，同时宣传了自身所在社区的核心文化，也是和谐社区建设的重要保障。

二、公共文化基础设施建设与农民社区认同

近年来，贵州大力投入公共文化基础设施建设，反响较好，取得的

成绩得到了社会各界的认可。

　　重视公共文化基础设施的建设。一是加大投资力度，推进纪念馆、文化馆、博物馆、公共图书馆、档案馆等建设（图表2-9），在2008年就实现了博物馆、纪念馆的免费开放，极大丰富了民众的精神文化生活。二是推进广播、电视无线覆盖工程，基本实现了全省广播全覆盖。三是推进数字图书馆的建设，贵州省数字图书馆有一百多个数据库，全部免费向公众开放，民族文化宫博物馆、艺术馆也全部免费向公众开放。四是推进贵阳全市 Wi-Fi 免费全覆盖，2015年5月已完成一期工程。五是大力推进文化信息共享工程，文化共享设施设备基本覆盖全省。

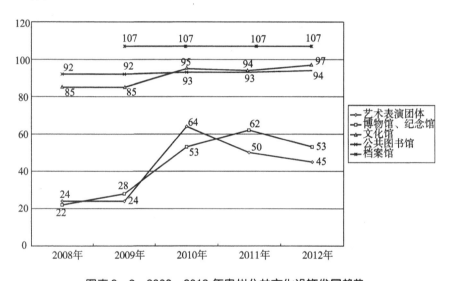

图表2-9　2008—2012年贵州公共文化设施发展趋势

（《贵州2008—2012年国民经济和社会发展统计公报》）

　　2008年以来，贵州广播综合覆盖率、电视综合人口覆盖率（图表2-10）呈递增趋势，发展趋势呈射线状，显示出贵州在广播、电视覆盖率这两项传统媒体上作出了巨大的努力。有线电视用户达到了379.54万户；全省广播综合人口覆盖率和电视综合人口覆盖率，分别提高到91.5%和95.4%；图书出版社六个，音像出版社一个，印刷复制企业 685 个；全年图书出版量 6090. 64 万份，杂志出版量 1598. 28 万份。①

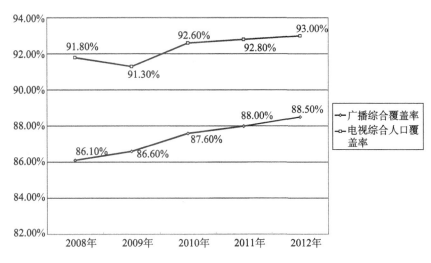

图表 2 –10　2008—2012 年贵州广播综合覆盖率、电视综合人口覆盖率

（《贵州 2008—2012 年国民经济和社会发展统计公报》）

此外，在地方层面，《关于公布第一批创建国家公共文化服务体系示范区（项目）名单的通知》（文社文发〔2011〕26 号）下发后②，贵州省遵义市被列为全国首批国家公共文化服务体系示范区创建城市，遵义各县紧紧抓住这一十分难得的发展机遇，加大基础设施建设力度，促进群众文化活动繁荣，推进文化遗产保护利用，有力推动了公共文化服务体系示范区创建工作的开展。

贵阳市近年来成功打造了"中国舞蹈荷花奖民族民间舞大赛""花溪之夏艺术节""森林音乐会""兰花博览会""多彩贵州风""贵阳避暑季""阳明文化节""两赛一会"等具有全国影响力的文化活动品牌。③

① 贵州省统计局，国家统计局贵州调查总队：《2014 年贵州省国民经济和社会发展统计公报》，见 http：//www. gz. stats. gov. cn/Web62/News/20150324/14787. htm。

② 文化部、财政部：《关于公布第一批创建国家公共文化服务体系示范区（项目）名单的通知》，见 http：//www. mof. gov. cn/zhengwuxinxi/bulinggonggao/tongzhitonggao/201106/t20110602_556575. html。

③ 贵阳市政协：《贵阳市公共文化服务体系建设与对策研究》，见 http：//jjzd. gygov. gov. cn/gyszx/722547369022849024/20130123/352789. html。

安顺市近年来高度重视公共服务体系建设，黔中报业发展集团公司组建，印务公司入驻贵阳正式运营；开全国先河，《黔中早报》逆向进入省会贵阳市场；市级《新闻荟萃》（县区版）正式播出；市、县两级公益性文化改革单位内部"三项制度"改革完成；紫云苗族布依族自治县重视非物质文化遗产保护和申报，苗族长篇英雄史诗《亚鲁王》成功申报为国家非物质文化遗产，在人民大会堂召开了新闻发布会，产生了巨大的社会效应。[①]

铜仁市截至 2014 年，已有文化馆和艺术馆 11 个、图书馆 11 个、农家书屋 2699 个、数字农家书屋 50 个，新建村级农民体育健身工程 300 个、乡镇农民体育健身工程 33 个，全市有广播电视台 10 个，广播综合人口覆盖率为 88.8%，比上年上升 0.2 个百分点，电视综合人口覆盖率为 97.0%，比上年上升 0.2 个百分点，广播电视农村直播卫星用户 631365 户。[②]

黔东南苗族侗族自治州仅榕江一县 2013 年便有 5 个社区和 50 个村寨建立了文艺宣传队，举办、协办各类文艺演出活动和广场活动 65 场次，成功举办全省少儿体操锦标赛、全省"体彩杯"老年人健身球操比赛、全州首届中小学生体育艺术节暨第二届全州民族传统体育观摩展示活动，同时将侗族大歌、琵琶歌、苗族芦笙歌舞引进课堂，并将高跷竞速、苗族摔跤、踢毽、独竹漂等十多个民族传统体育项目引进校园。[③]

黔西南州仅晴隆一县便完成了 96 个行政村"农家书屋"的全面覆盖，仅 2011 年便完成了 185 个行政村 2192 场公益性电影的放映。[④]

黔南州实施县级文化信息资源共享工程，第一批为都匀市、福泉市、惠水县、独山县，于 2008 年安装完毕并投入使用；第二批为瓮安

① 谢庆生：《全省文化体制改革催生＜黔中早报＞——在＜黔中早报＞改版扩面新闻发布会上的讲话》，《安顺日报》2010 年 10 月 19 日第 2 版。

② 铜仁市统计局：《铜仁市 2014 年国民经济和社会发展统计公报》，见中国统计信息网，http：//www. tjcn. org/tjgb/201505/28365_ 2. html。

③ 榕江县政府办：《榕江县"五措施"着力构建公共文化服务体系》，见 http：//www. qdn. gov. cn/ML_ index_ nr. jsp？ urltype = news. NewsContentUrl&wbnewsid = 226611&wbtreeid =1082。

④ 杨浩：《晴隆农村公共服务体系基本建成》，《黔西南日报》，2011 年 12 月 12 日第2 版。

县、龙里县、贵定县、三都水族自治县、荔波县、平塘县、罗甸县、长顺县，于2009年8月开始安装，截至2012年8月底，所有设施已安装完毕并投入使用。①

毕节仅金沙一县便拥有各类文艺骨干400多名，队员1600多人，平均每月演出200多场，足迹遍及金沙周边的大方、黔西、织金、遵义和仁怀等地，最为典型的案例如金沙县平坝乡双兴村文艺宣传队颐一强等五名文艺骨干，受中央电视台《文化访谈录》节目组之邀到中央电视台参加节目录制，节目在中央电视台三套（文艺频道）晚间播出后引起了良好的反响。②

通过贵州九个州（市）的公共文化基础设施建设情况，可以看出贵州全省齐心协力在公共文化基础设施建设中作出了巨大的努力，特别是在农家书屋、电影下乡、文艺宣传队、文化信息资源共享工程等方面，实现了较大范围的覆盖。这些有力措施至少从两个方面增强了农民社区认同。

第一，缓解了人民群众日益增长的精神文化需求与物质文化发展较快的矛盾，有效地排挤了农村落后文化的生存空间，对农村文化建设和可持续发展有积极的促进作用，能够促进农民进一步提高文化素质，能够促进农民进一步认同和了解本社区文化，能够促使农民加强社区认同。

第二，农村社区已然出现"农民文化需求进一步增加，文化享有进一步自主，文化参与进一步提高，已不满足单纯的'看'，而更加重视参与的'乐'"的现象，这一现象恰恰反映了农民由于素质所限，对所在社区的文化难以深入挖掘、难以形成体系、难以自觉参与，而通过公共文化基础设施的建设，以社区为蓝本，引导农民深入挖掘本社区文化、形成本社区核心文化、自觉参与本社区文化建设，无疑是强化农民社区认同的不二之选。

---

① 《我州县级文化信息资源共享工程安装完毕》，见 http：//www. qnwg. qnz. com. cn/html _ web_ qnz/ggfw/1129. html。

② 毕节市文明办：《毕节金沙县：农民文艺宣传队　唱响农村新生活》，见中国文明网，http：//gz. wenming. cn/zt/zrhy/ggwh/201301/t20130115_ 1028684. shtml。

三、生态文化建设与农民社区认同

生态文化建设这一概念直到近年来才被社会各界广泛接受，其核心价值观在于建设生态生产力高度发达的社会，实现经济效益与社会效益的融合发展，实现人与自然的协调发展。贵州民族地区多是喀斯特地貌，喀斯特地貌又被称为岩溶地区，存在地面孤峰、漏斗、怪石林立、土地瘠薄、植被稀少、地下溶洞暗河纵横交错的现状，由于喀斯特地区生产生活条件极差，曾被联合国有关组织认定为"最不适宜人类生产的地方"，此种环境势必给贵州民族地区人民群众的生产生活带来极大的不便与困扰，逼迫人们在生产生活中必须注重环境、保护环境，从而形成了贵州民族地区自身的生态文化观，这种生态文化观成了贵州民族地区社区认同的一部分。

事实上，贵州民族地区生态文化至少包含生态精神文化、生态物质文化、生态制度文化等三个层次，这三个层次的生态文化从不同角度、不同侧重点、不同目的成为贵州民族地区农民社区认同的重要标志（图表2-11）。

第一，作为生态文化建设的灵魂，生态精神文化是农民社区认同的内在动力。

（1）贵州民族地区由于自然、历史、地理的原因自古以来就形成了其固有的生态文化观念，这种生态文化观念是原始的人与自然和谐相处的文化观念，是一种惧怕神灵、惧怕天灾、惧怕自然的文化观念，是一种不敢过度向自然索取的生态观念，如，在黔东南苗族侗族自治州雷山县桃江乡赶调村有这样一个村规民约，男性村民是不能下河捕鱼的，只有女人和小孩才能下河捕鱼，而且捕鱼不能采用任何工具，只能用手抓，同时每次捕鱼不能超过两条，捕到小鱼要放回河流。这种人与自然和谐相处的生态观念上升到村规民约，无疑证明了贵州民族地区农民对于生态保护的正确认识，无疑证明了贵州民族地区农民有着一致性的生态文化观，无疑较好地保护了这种自给自足生活状态的良性循环。

（2）贵州省"生态立省"，各民族地区强力打造"原生态文化"名

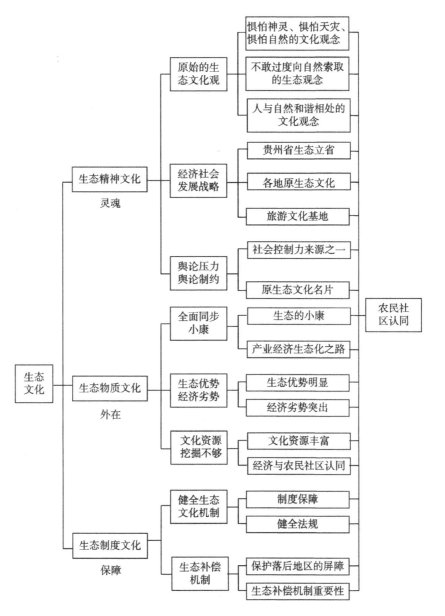

图表 2 – 11 贵州民族地区生态文化与农民社区认同的三个层次

片，各县强势打造原生态旅游大县的经济社会发展战略已然深入人心，以"四个全面"为工作思路，以"科学发展观"为统领，用生态民俗学、生态经济学、生态人类学等专业知识指导地区经济的发展模式已经实践证明是正确的，经济效益与生态效益的完美融合成为贵州民族地区的一大特色，贵州民族地区的人民群众已然明白一个道理："好的环境是可以拿来卖钱的"，这种质朴的思维无疑强化了贵州民族地区的生态文化观。

（3）由于贵州民族地区通过传统媒体，如，报纸、期刊、广播等和新兴媒体，如互联网、微信、微博等，大力推介公众易于接受、愿意接受的专栏、微电影、文学等向外界主打"原生态文化牌"，这种舆论压力不仅促使贵州民族地区强化了生态文化精神，更成为贵州民族地区农民社区认同的社区控制力的来源之一。

第二，作为生态文化建设的外在表现，生态物质文明是农民社区认同的外在推力。

（1）在当前全面建成小康社会的时代背景下，贵州的发展战略是必须与全国全面建成小康社会同步，问题就出现在这里，小康社会并非经济的小康，还包括生态的小康、文化的小康等等，因此，贵州的经济发展必须走产业经济的生态化之路，将先进的生态理念贯彻于经济社会发展的各个环节，这直接导致了贵州民族地区经济发展必须与生态文化建设挂钩，正如前文所讲到的，"好的环境是可以拿来卖钱的"，贵州民族地区的发展是经济发展等同于生态发展的发展。

（2）贵州民族地区生态优势明显，发展绿色能源、清洁能源和可再生能源独具优势，能够较为快速地推动能源结构转型，适应生态经济的发展需要。因此，尽管生态经济体系的建设前期固定投入较大，但从较长发展时期来看无疑是值得的，同时也能够在发展经济的同时尽可能地不破坏现存的环境，维护农村社区现状，有助于农民社区认同。

（3）贵州民族地区人文资源丰富，但挖掘力度不够，通过宣传普及，贵州民族地区优秀民族民间文化，在城镇化进程中打造贵州民族地区"一镇一品""一城一品"的城镇格局，无疑能够在强化农民社区认同的同时促进经济发展。

第三，作为生态文化建设的基础，生态制度文化是农民社区认同的制度保障。

（1）贵州民族地区必须健全完善生态文化法律法规，确保生态文化建设走制度化、规划化、科学化的道路，将已有的生态文化习俗逐步固化到法律法规层面，弥补村规民约、道德观念无法律效力的缺憾。

（2）贵州民族地区必须积极向国家争取生态补偿机制，随着城市化、工业化进程的加快，贵州民族地区被开发的矿产资源、生物资源、文化资源越来越多。有开发就会有破坏，开发后的补偿机制是国家保护落后地区的一道屏障。但贵州民族地区生态补偿机制至今尚未建立，正是由于开发补偿机制并未真正落实，贵州民族地区在开发中受到的伤害远远大于获得的利益。而要治理开发后留下的社会治安、环境污染、生态破坏、社会矛盾等方面的问题，就需要大量的资金，这将进一步加重贵州民族地区政府的财政负担，降低贵州民族地区政府对民生问题的解决能力，导致农民社区内聚力和社区控制力的下降。

四、文化产业建设与农民社区认同

贵州是一个多民族的省份，由于历史原因，贵州的居住呈现出以血缘和家庭为组织的群居现象，各民族在几千年的历史长河中，创造了丰富多彩而具有自己民族特色或地域特色的文化。随着经济的快速发展和西部大开发的深入，外来人口的进入、外来文化的融合及本地区年轻人外出务工，对具有民族特色和地域特色的文化产生了强烈的冲击，使得一些独具特色的文化逐步走向消失的边缘；伴随民族文化和地域文化的消失，人们的社区认同感也不断减弱。

基于文化的逐步消失和社区认同的不断减弱，发展贵州文化产业，已成为一项迫在眉睫的任务。通过发展文化产业（图表 2 - 12），传承和保护传统文化，增强社区认同，对于贵州民族地区来说具有特殊的意义。

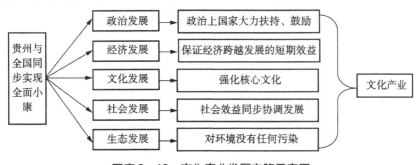

图表 2 - 12　文化产业发展之路示意图

在文化产业研究方面，国外要比国内先行一步，早在 20 世纪 30 年代，法兰克福学派的研究者们，诸如阿多诺（Theodor W. Adorno）、霍克海默（Horkheimer）、本雅明（Walter Benjamin）等就开始了文化产业的研究，并且提出了"文化工业"的理论。他们对于文化产业持的是反对的态度，主要因为文化产业作为一种具有经营价值的标准化、模式化的生产，其主要的功用在于满足人们的娱乐性，丧失了其原有的价值。在这个观点上，霍克海默就提出文化工业是为了一定目的大批量生产的产品，不再是艺术品而是作为商品存在了。文化工业是科学技术迅速发展的结果，正是这样的科技使得大众对文化的占有性增强，但是同时也是因为科技，文化产品变得单一化、模式化，文化的多样性在文化产品的身上得不到展现，人们对于文化产品的选择变得狭小，不得不去接受这些被叫作文化产品的商品。文化产业受到商业的操控，成为占用人们剩余时间、控制人们思想自由的产品。文化产业使得文化产品与公共文化事业之间形成了不平等的格局，虽然法兰克福学派的观点较为偏激，但是他们所提出的文化产业被资本操控的观点应当受到我们的重视。从文化产业的内涵来看，我国主要将文化产业分为九个大类，呈现出"核心层——外围层——相关层"三个层次的结构体系（图表 2 - 13）。

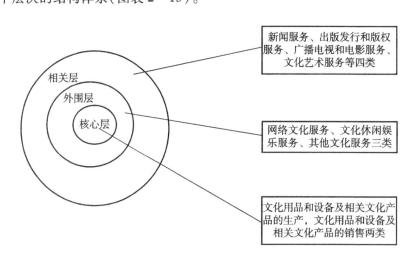

图表 2-13　文化产业类别结构层次

事实上，作为人们精神文化生活的重要诉求，文化产业是文化事业的有益补充，是文化市场的重要组成部分，有助于文化消费的多样化，有助于文化的反周期调节功能，有助于文化的经济功能，能够推动传统产业向新型产业转型。

在贵州的民族地区，其发展缓慢，在经济社会急剧变迁的今天，它们还保持着传统的社会生活方式。它有着悠久的历史、深厚的文化底蕴和丰富多彩的民族文化资源，是国家重点关注的省份。贵州的文化资源有利于文化事业的发展，同时也能够带动贵州其他产业的发展，促进贵州经济的腾飞。并且，作为多民族省份，其文化产业的发展也是民族文化的传承和保护的有效路径，经济的发展、就业问题的解决同样也是增强农民社区认同的重要路径。

五、习惯法与农民社区认同

在农村文化建设中，法制文化的建设显得尤为重要，一个地区没有法治，其他的建设都等于空谈，法制文化是一个国家或者说是一个地区对在规范行为下的生活的一种思维方式和行为方式。这包括了人们对法的认识、人们的法制观念以及价值取向等等。依法治国是我们国家法制建设的依据，法制文化是国家法制建设的灵魂和核心要素、精神动力、源泉以及支撑。要依法治国并且将法治国家作为社会建设的目标，建设和谐社会，必须依靠法制文化。只有在农村加强法制文化的建设，才能够保障新农村文化建设的有序进行。当前正处于我国新农村文化建设的进程中，加强我国农村法制文化建设不仅具有十分重要的理论价值，更具有重大的现实意义。在文化建设的复杂过程中，没有社会认同的支撑就不能够达成目标，社会认同属于意识形态的范畴，意识形态的形成是人们在日常生活中日积月累的，所以要对人们的仪式形态进行把握就要清楚人们的心理意识与意识形态之间的关系，深入探讨意识形态与社会认同，挖掘社会认同在新农村文化建设中的意义和价值。

从社会控制的角度分析，习惯法的权力来源于人们的认同，是社区内聚力的体现，也可以称之为内在化控制，也"是社会文化各要素对其成员的控制机制"。① 这种内在化的控制就是我们这里所说的农民的社区认同，在一些法学论著里，也被称为人们的"法的确信"。

虽然在少数民族地区，农村的习惯法也会有一些强制执行的措施，但是更多的还是依靠社区成员对于习惯法的"确信"与自觉实施。因此，习惯法的存在从某种意义上来说，离不开社区认同的存在，习惯法如果离开承载它的区域实施的主体，就不成其为习惯法，只有人们还存在社区认同感，才愿意去维护这个社区，去遵守这个社区所制定的规章制度。因此，可以说，习惯法根植于社区认同，社区认同的存在是习惯法存在的土壤。与此同时，社区的认同也通过习惯法的实施得以强化和发展。习惯法在社区中的存在与实施，可以让社区内的成员预见到自己行为的后果，从而有选择地作出自己的行为，对人们的行为具有一定的约束力和指引性，这样更有利于在社区中形成一致的行为模式，更容易培养成员的认同感。如果失去习惯法，人们就失去了一种规约自己行为习惯的准则，任凭个人自由发展，这样，一些人就会为了达到自己的目的而不惜牺牲他人的利益，使整个地区社会秩序出现危机，导致人与人之间的情感破裂，社区认同也不复存在。因此，习惯法的实施对于社区认同的培养与形成具有重要的作用，两者之间是相互依存、相互促进的关系。

第三章

民族民间文化建设与农民社区认同的理论和实践

　　贵州民族地区民族民间文化建设在实践探索中取得了一些成就，如促进基层民主建设、推动社会建设和生态建设等方面，然而也存在着一些问题。随着民间有形文化的日渐式微、行为文化的日渐流失、语言文化的日渐萎缩，农民社区认同出现了危机。为此，我们认为日常习俗沿袭、民族旅游开发、优秀民族文化传播是促进农村社区认同的有效路径。

第一节　贵州民族地区民族民间文化建设的实践探索

一、民族民间文化建设始终与农民社区认同紧密结合在一起

　　随着经济社会的进一步发展，贵州民族地区民族民间文化建设必须转变思维、转化方法、转变切入点方能在市场经济的浪潮中恢复活力、充满动力、增加实力，为此，贵州民族地区民族民间文化建设经历了从静态到动态的保护，也经历了忽视农民社区认同到强化农民社区认同的过程。

　　第一，是生态文化博物馆、艺术之乡等静态的文化建设转变为民族民间文化进课堂、乡土教育、民族民间文化传承等动态的文化建设。事

实上，早在 20 世纪八九十年代，贵州省在本土进行了民间艺术乡和民族博物馆的命名工作，取得了一定的成效，但是这类做法只是将文化静态地保护下来。文化是有生命的东西，单纯的静态保护不能够达到本质上的保护，只会将文化固态化，导致名存实亡的情况出现。为此，经过反复调研、论证，2002 年 7 月，贵州省人大常委会就颁布了《贵州省乡土文化保护条例》，2002 年和 2008 年，贵州省民委与教育厅联合发布了关于贵州省各级各类学校开展乡土文化教育的《实施意见》与《推进意见》。同时，在 2008 年，贵州省教育厅和省民委又一次颁发了《关于大力推进各级各类学校乡土文化教育的意见》。与此同时，各级市、县、区政府都陆续颁发了关于乡土文化教育的保护和发展的意见，并严格在各个地区执行。① 可以很明显地看出，民族民间文化较好的保护和传承方式是贯彻执行《在各级各类学校开展乡土文化教育的实施意见》，即寻求在学校教育的支持下，将"静态"的民族文化保护方式转化为"动态"传承并且发展的方式。

第二，忽视农民社区认同到强化农民社区认同的转变。民族民间文化曾一度被认为是社会主义精神文明中的糟粕，被认为是封建迷信，被认为是阻碍社会主义物质文化发展的障碍，这种事实上忽略民族民间文化对农民社区认同的文化观，无疑极大地促使农村社区出现认同危机。直到 2000 年以来，如，黔东南苗族侗族自治州施秉县用民族节日的凝聚力，用宗教仪式召回分散各地的族人回乡聚会，用民族文化资源维护生态环境和开发绿色产品，表现出重建精神社区的极大能动性和潜力。② 此外，贵州民族地区还大力宣传本地区文化，希望通过此种方式吸引高层次人才前来，对本地区的民族文化进行调研和研究。截至目前，以贵州民族地区为个案的学术论文已有数万篇，以贵州民族地区为个案的硕博论文有数百篇，这些研究成果无疑对农民社区强化社区认同有极大的促进作用。

---

① 谢妮：《贵州省民族民间文化教育现状研究》，《贵州民族研究》，2009 年第 3 期。
② 吴安明：《施秉民族民间文化调查与思考》，见 http：//www. qdnrm. com/a/redianzhuan-ti/2012/0905/85935. html。

二、民族民间文化建设始终与基层民主政治建设紧密结合在一起

在我国，人民是一切权力的主宰者，人民可以依法通过各种形式来对国家的一切事物进行管理。但是，从实际情况来看，真正能够管理国家事务的人民是极少的，大部分农民没有途径介入到国家政治中去。因此，有学者指出："农民在经济就业、公共服务、政治、行政上均处于弱势地位，经济上农民缺乏实力、缺乏创新，难以整合力量；就业上农民缺乏知识、缺乏证书，难以自由流动；在公共服务上，农民缺乏政策支持、政府扶持，难以后发赶超；政治上农民缺乏民主观念，难以参与民主；在行政上，农民是被管理的对象。"① 但以往经常被忽略的民族民间文化建设无疑成为基层民主政治建设的切入点和着眼点，成为加强农民社区参与的有效途径，成为强化农民社区认同的有效渠道。

农民作为民族民间文化的创造者和传承者，国家政府没有办法替代他们成为民族民间文化的创造者、传承者，因此，必须引导、鼓励农民参与到民族民间文化建设中来，否则民族民间文化不可能有发展、保护，更不可能有传承。此外，民族民间文化保护与传承作为当前基层政府工作的重中之重，几乎涉及基层政府所有的工作内容，更加是农村基层民主政治建设的重要组成部分。可以说，政治精英如果不重视民族民间文化的保护与传承，要么导致民族民间文化的实际操作者排斥基层民主选举，要么导致政治精英丧失政治地位。基于此，可以认为在当前时代背景下，民族民间文化建设与基层民主政治建设无法出现零和博弈的现状，只能齐头并进地发展，而两者齐头并进发展的结果无疑是促进农民社区参与的积极性和主动性。

三、民族民间文化建设始终与社会建设紧密结合在一起

社会建设的根本在民生，民生问题的解决关键在于构建完善的社会保障体系。虽然我国已经逐步建立起了社会保障体系，但是还处于不断

---

① 沈立人：《中国弱势群体》，民主与建设出版社2005年版。

完善的过程当中，目前的社会保障体系还存在着覆盖面不广，以及城乡差别的情况。社会保障体系健全能够加强民众的幸福感和安全感，对社会的稳定与发展起着很大的作用，所以，社会保障体系的完善十分有必要，要从源头上保证社会的安定团结。贵州民族地区民风淳朴，自古以来就有互帮互促的传统，特别是一些民族村寨长期以来有成立"互助基金"的习惯，他们采取"共同集资、随用随取、随借随还"的方式依靠集体的力量渡过难关。事实上，贵州民族地区在推进社会建设上有深厚的文化底蕴和操作方式，构建贵州民族地区社会建设新模式、新方法，不仅有利于民族文化的保护与传承，更能够又好又快地建立健全社会保障体系，推进社会管理创新。目前，贵州民族地区社会建设与农民社区认同的主要做法至少体现为三点：

第一，动员各方力量，促进建立以产权制度为基础的利益分配机制，结合少数民族自治区域的特点，制定少数民族区域的知识产权规定，向少数民族充分阐述知识产权理念，使其形成维护知识产权的意识。建立健全文化遗产的开发机制，注意不同人员或单位在利益方面的分配。

第二，为村民提供教育培训机会和了解外部社会的机会，基础教育培训方式多样化；语言角度地方化；组织教育培训团队，就法律、环保、经济知识进行基础普及；结合电影、电视、文艺表演等手段进行教育启发。

第三，组织民间行业协会。鼓励建立由手工业者参与的行业协会，成立协会的主要目的是为成员提供交流沟通的机会。当家庭式生产单位遇到生产和销售问题时，协会成员可彼此提供经验和建议，良好的协会关系也有利于形成市场秩序的稳定。另外，协会具有监督作用，当成员违背商业道德或破坏自然、文化资源时，协会可以及时地发现问题，并向有关部门反映。组建民间行业协会的前提是遵守国家法律法规，其内部的制度建设可参考国际连锁企业的管理方法。

四、民族民间文化建设始终与生态建设紧密结合在一起

生态文化就是从人统治自然的文化过渡到人与自然和谐发展的文

化。这种转变是人的观念的转变，这是人们以人为中心的价值取向转变为了人与自然和谐发展的价值取向。贵州民族地区千百年来在社会实践中创造了自己特有的生态文化，这些文化在民族地区经济社会发展的进程中产生了重大的影响，不仅成为农民社区认同的重要根据，同时也为当前民族民间文化发展指明了发展方向。目前，贵州民族地区生态建设与农民社区认同的主要做法至少体现为两点：

第一，将民族民间文化、生态建设和经济发展结合起来，在农民心目中树立了"环境即是金钱"的理念。如，贵州以生态立省，以原生态文化打造名片，以非物质文化遗产为切入点开展生产性保护，促进经济社会发展；如，贵州省生态文明贵阳国际论坛自 2009 年首次举办以来，影响力和号召力逐步扩大，已经形成一个文化品牌，为贵州经济、生态和民族民间文化的协调发展起到了巨大的推动作用。

第二，强化贵州民族地区民族民间文化中的生态理念。贵州各少数民族自古以来就有生态保护的传统，如，中国最后一个枪手部落岜沙部落的植物崇拜，极大地保护了当地的生态环境。当然，贵州省生态立省的政策也促进了贵州省生态文化与经济社会的协调发展。

第二节　贵州民族地区民族民间文化建设与农民社区认同危机研究

一、民族民间有形文化①日渐式微，农民社区认同出现危机

贵州省号称"民族服饰王国"，各少数民族服饰高达数百种，涵盖苗族、侗族、布依族等诸多少数民族。② 不仅如此，在长期的发展之

---

　　① 有形文化，即物质文化，是看得见摸得着的东西，属于民族文化中的硬件部分。在民族文化建设中，精神文化是目的，物质文化是实现这一目的的途径和载体，是推进国家文化建设的必要前提，是民族文化建设的重要组成部分和重要的支撑。国家物质文化的每一个实体以及各实体之间的结构关系，无不反映了某种文化价值观。

　　② 《贵州民族民间文化迎来多元发展路径》，见 http：//www.g855.com/zymr/2309.shtml。

下，贵州留存有许多具有民族特色的文化景观，据统计达到600年历史的文化村落景观就有近2000个之多。这些文化是贵州民族地区人们世界观、人生观、价值观的反应，对农村社区生产、生活起着文化调适的作用。但近年来，受各种原因影响，民族民间有形文化日渐式微，可以想象，当有形文化消失殆尽，农村社区失去核心文化，那么社区认同是否还能维持呢？

第一，生产效率低下导致有形文化逐渐式微。民族民间有形文化主要包括手工工艺，如竹木器制作和编织、织锦和刺绣、酒类酿制等；民族服饰，如苗族盛装、侗族盛装、布依族盛装等；房屋建筑，如苗族吊脚楼、侗族鼓楼、侗族风雨桥等。这些有形文化有一致的共同性，即纯手工制作，耗时耗力，如一套苗衣需要一个劳动力至少花费10年的时间方能做成，而机器做一件苗衣仅需3—5天时间，且价格低廉，此种现状直接导致有形文化逐渐被现代科技所击败。

第二，经济利益驱使导致有形文化逐渐式微。众所周知，贵州民族地区是欠开发、欠发达地区，人民群众经济收入普遍不高，为提高生活水平，多数人选择外出至发达地区打工挣钱，仅贵州民族地区每年外出打工人员就高达500万。相较于家乡，他们在获取更多经济利益的同时，也失去了传承有形文化记忆的时间和精力。据此，受外来文化渗透，而丧失了有形文化技艺的打工者回到家乡后，势必也丧失了对自身所在社区的高度认同感。如果继续深究，当打工者的下一代从小到大所生活的区域没有任何本民族的有形文化，试问他们的社区认同从何谈起？

第三，商业意识淡薄导致有形文化逐渐式微。无可置疑，贵州民族地区商业意识普遍低于中东部地区，如，中东部地区商人常年前往贵州民族地区收购民族特色有形文化，收购价格一再压低，致使价值甚高的民族有形文化廉价出售，不仅错误地引导了贵州民族地区人民群众认为民族民间有形文化价值并不太高，而且也导致了民族民间有形文化大量流失，甚至在有的农村社区已经没有一件保存完好的有形文化，这无疑造成了贵州民族地区有形文化无法传承甚至传承无物、传承无人的现象，造成了农村社区认同有形文化的缺失，将导致农民社区认同危机。

二、民族民间行为文化①日渐流失，农民社区认同出现危机

随着经济社会的进一步发展，随着城乡社会的进一步开放，随着农村工业化、城镇化的进一步推进，现代城市生活理念、生产生活方式快速渗透到贵州民族地区农民日常生活的每一个层面，事实上造成了农村社会传统治理基础的动摇。正如有学者强调的："现代化以经济理性和社会流动的力量冲击着传统社会中普遍存在的共同体意识和情感性联系，并造成颠覆性后果。"事实上，贵州民族地区社区居民构成日渐多样化和复杂化，除本地居民外，外来商户、外来投资商、旅游者等等进入农村社区，居民在职业、经济条件、受教育程度、社会地位、社会关系等方面出现同以往完全不同的差异性，社区居民的异质化无疑强化了居民对自身身份和阶层认同的程度，反而忽略了对社区的认同，此种社区也难以形成统一的社区价值观。

此种情况在贵州民族地区的表现就是行为文化②日渐流失，农村居民在生活方式的选择上倾向于封闭性，而非开放和交融；在行为模式的选择上倾向于个体行动，而非团队协作和互助；在社区参与的选择上倾向于排斥性，而非主动参与，反应在具体行为上，就是农村社区居民不主动参与社区任何活动，不愿意帮助邻里，不愿意发挥力量建设社区。从而导致农村社区出现多元化、离散性的特质，使得农村社区内聚力消退，社区控制力降低，社区认同感出现危机。如 20 世纪 80 年代，施秉城关和杨柳塘及双井片区有芦笙队 58 队，有的村还有三到四个队伍，如杨柳塘中垮村、屯上村各达四队之多。而现在整个杨柳塘镇有芦笙不足 10 队（除杨柳塘小学校有几十支用于民族文化进校园所用的小芦笙外）。而会芦笙歌词、曲谱和懂得芦笙舞的人就更少了，全镇会芦笙歌词和曲谱的不到 20 人。再说苗族古歌（酒歌）、情歌、飞歌、大歌等

---

① 行为文化是指人们在生活、工作之中所贡献的，有价值的，促进文明、文化以及人类社会发展的经验及创造性活动。行为文化是文化层次理论结构要素之一。

② 张丽丽：《农村社区认同危机及其应对》，《沈阳农业大学学报（社会科学版）》，2012 年第 2 期。

等传统民歌更是后继无人。①

三、民族民间语言文化②日渐萎缩，农民社区认同出现危机

语言文化是贵州民族地区的瑰宝，是一个民族结构体系的第一要素，由于受到经济社会的冲击，受到教育体系的束缚，民族语言日渐萎缩，能够熟练运用民族语言的农村社区居民越来越少，农民社区认同出现危机。

第一，在民族语言的教育教学上师资薄弱。我国在"普九"上投入的精力很大，老师们的任务很重，再加之在少数民族地区，师资水平不高，能够教授民族民间文化课程的教师不多，即使有的教师能够讲授民族语言，但是他不一定能够讲授民族民间文化课程。在民族地区，普遍存在学校没有专门教授民族民间文化课程的教师的现象，即使有也可能会因为薪资问题造成流失。

第二，民族地区人民群众对民族语言认同感降低。除去打工的、进城的人，因语言环境的变化，有的人不再说本民族语言。有一些汉语和民族语言都会说的人不再教自己的孩子民族语言，他们认为学会汉语是一项技能，所以更愿意教授孩子汉语。更有甚者，因自己的小孩会说汉语而怡然自得，仿佛有一种自豪感。用他们的话来说，民族语言"学了又没用，出去人家还瞧不起"。这一现象的发生并不是个别的，在各少民族地区都有类似的现象。

第三节　贵州民族地区民族民间文化建设与农民
社区认同的路径

从社会学理性选择理论上看，农民对农村社区认同是建立在共同的经济利益的基础上的。而实际调查的结果显示，对农民社区认同起着决

---

① 吴安明：《施秉民族民间文化调查与思考》，见 http：//www.qdnrm.com/a/redianzhuanti/2012/0905/85935.html。

② 语言与文化相互依赖、相互影响。语言是文化的重要载体，文化对语言有制约作用。

定性因素的不是经济。在目前的城乡二元体制结构下，农民社区认同受到了文化、政治、制度等多重因素制约。具体到民族地区民族民间文化与农民社区认同的关系来讲，至少有三个维度。

第一，社区内部传统的民族民间文化作为一种生活方式，已经渗入到当地农村的日常生活中，习俗和约定俗成成为农民的一种自然而然的认可，将社区规范内化，并自觉遵守，进而获得个人的社区认同。

第二，民族民间文化作为不同于主流文化的亚文化，在一定程度上来讲也是一种稀缺资源，如果说当地的民族民间文化能为社区群众带来直接的经济利益，那么必然会直接产生居民的社区认同。譬如，民族风情旅游。

第三，民族地区一般都地处边远，然而民族民间文化却有其精华的部分。发扬、传播优秀民族民间文化，可以促使社区居民产生认同感。

一、日常习俗沿袭促进农民社区认同

在我国西南的贵州，居住着 17 个世居少数民族，由于贵州具有典型的喀斯特地貌特征，其经济文化发展较为缓慢，丰富的民族文化资源得以留存。在贵州的很多地区，仍然保留着完整的、传统的民风、民俗，积淀了浓厚的历史传统文化。

民族地区民族民间文化在农民社区认同中具有特殊的地位与意义。随着传统向现代化的变迁，边远地区少数民族民族民间文化的留存受到了多方面的冲击。农村民间文化大量流失的背后有着多方面的政治、社会原因，其结果则是进一步地推动了社区生活的离散性和弱化了农民的文化认同感。为此，我们需要投入切实的工作来保护和发展各地农村丰富的日常习俗，以尽可能地留存传统日常习俗文化，维护日常习俗文化传统的延续性和传递性。日常生活中的习俗文化具有凝聚、整合、同化、规范社会群体行为和心理的功能。因此在促进农民社区认同方面，具有其他社会要素不可替代的作用。

贵州省黔东南苗族侗族自治州雷山县的郎德上寨作为一个独具特色的苗族村寨，日常习俗的沿袭极大地促进了农村居民的社区认同。

第一，日常生活习俗。在饮食方面，酒在苗族人民生产生活中几乎是不可或缺的物品，已经与苗族人民的血液和灵魂融为一体。但旅游开发以后，饮酒习俗更趋于理性化了，村民的饮酒变得有节制，饮酒频率比过去有一定幅度的减少。饮酒主要是以招待宾客为主，热情好客的民风依然较好地保持着。

在服装、服饰方面，今天郎德上寨苗民的服饰在款式和做工上依旧沿袭传统风格。工艺上依然以刺绣和蜡染为主，配饰上以银饰为主。旅游开发之后，因为经济利益的驱使，传统的工艺能够得到较好传承，目前全寨有盛装银饰一百二十多套，是之前的七倍之多。虽然年轻的一辈因为外出务工常常穿着现代服装，但是在寨中盛大节庆等场合，他们还是会着盛装出席。而且由于旅游表演已经成了村民生活中高频率出现的一部分，所以实际上村民多数时间是穿传统的民族服饰，由于人们对民族文化认识的增强，当地的人们树立起了民族自信心和荣誉感，他们更愿意穿着自己的服饰，这对传统服饰的保护起到了良好的促进作用。尽管这个村寨已经经过长时间的开发，但是较之于其他村寨，它仍然将传统的景象呈现在我们的面前。

在居住习俗方面，郎德上寨还保留了传统的居住风格，虽然在不断发展的过程中兴建了许多民居，但是这些民居依然是按照传统的建筑模式建造的，因此，在这里你看不到现代建筑的影子。建筑材料以木料为主，水泥钢筋为辅。大多数村民仍旧认同传统的房屋风格。即使有的村民希望能够住现代风格的房子，他们也不会完全摒弃自己传统的民居，而是在房屋内部的构造中加入一点现代元素，大部分还是保留着原来的状态。

第二，人生礼仪民俗。诞生礼俗方面，根据访谈我们发现，郎德上寨村民的诞生习俗变化不大，基本还是按照传统规矩。尽管现代医院接生在很多地方已经很普遍，但是该村的产妇基本还是在家里生小孩。只是在小孩起名方面有了点变化：以前由巫师所起之名多以动植物、金属、四季或地名为名；现在年轻父母给孩子起名，起的与现代都市里的孩子的名字更接近，多了一些现代感。

丧葬礼俗方面，现在雷山苗族家庭中有人去世，为他举行的葬礼在基本环节上同过去几乎是一样的，只是在一些细节上从简了。在送礼方面，有了一点变化，过去是米、肉等物品，现在则以货币形式为载体。巫师依然是葬礼的核心主持。

郎德上寨节日很多，四月初八是苗族较为隆重的节日，此外还有牯脏节、龙船节等等。在节日里，人们还会唱歌、吹奏芦笙、斗牛、赛马等等，同时节庆场合还是苗族青年男女互寻伴侣的重要场合。郎德社区丰富多彩的传统节庆活动极大地促进了社区居民的认同感。

二、民族旅游开发促进农民社区认同

少数民族地区传统民族民间文化是一种稀缺资源，民族民间文化的旅游开发对农村社区影响最大的方面体现在推动当地经济发展。从贵州的民族旅游来看，都直接或间接地促进了社区经济的发展，为社区经济发展作出了重要贡献。

贵州的少数民族较多，世居的为 17 个，在这里多民族共存共荣，他们以各自的方式在这里生产生活，并留下了丰富多彩的民族文化，他们以其独特的生态文化观念构建了极富特色的生态文化环境，各具特色的民族建筑、民族服饰以及生存环境构成了贵州丰富的旅游资源。拥有这样得天独厚的资源，贵州将融山水资源和文化资源于一体，打造具有贵州特色的文化旅游产品。在"十一五"期间贵州推出了旅游村寨3000 多个，帮助 42 万农村人口脱贫致富，其中较为典型的就是肇兴侗寨、安顺屯堡、西江苗寨，这些原生态民族风情村寨已经成为外地游客到贵州旅游的首选之地，包括贵州省内许多没有去过民族村寨的人们也都纷纷到这些地方旅游，"保护一方山水、传承一方文化、造福一方百姓、促进一方经济、推动一方发展"的贵州乡村旅游模式也得到了联合国世界旅游组织的认可。随着多彩贵州的举办，贵州民族文化的知名度越来越大，贵州政府不断深入挖掘民族文化，采取项目带动的形式塑造贵州的民族文化品牌，经济唱戏、文化搭台的模式融入了贵州的旅游，贵州的旅游业进入了黄金期，收入的增长速度十分惊人。贵州正将民族文化底蕴以多元的方式呈现在旅游中，将丰富的民族文化资源优势转换为旅游产业优势。

贵州省黔东南苗族侗族自治州雷山县西江是中国最大的苗寨。寨中鳞次栉比的吊脚木楼、芦笙舞、苗家银饰,吸引着平时日均五千、周末和节假日近万名游客前来。贵州正将文化符号深植在旅游开发中。家住雷山县西江苗寨的苗族小伙子侯艳江开办了一家农家乐饭庄,如今一年收入在 10 万元人民币以上。他说:"几年前,我还和村里大多数青年一样外出打工,村里留守的多是老人、妇女和儿童,如今是文化旅游改变了我们的生活。"旅游开发极大地促进了当地居民的社区认同。

2012 年 1 月《国务院进一步促进贵州经济社会又好又快发展的若干意见》中,贵州的文化旅游已经被纳入国家发展战略计划,贵州被定为世界知名、国内一流的旅游胜地,同时也是文化交流的重要平台。随着贵州民族文化不断冲击外界的视野,积极影响世界对贵州的认识,无数人因文化而认识贵州、了解贵州、走进贵州,在工业化快速发展、城镇化带动的大背景下,推动文化的大发展、大繁荣成为提高贵州知名度和影响力最有力的号角。贵州省副省长黄康生表示,近年来,贵州将特色民族文化与自然风光、历史文化相结合,努力打造贵州特色的文化旅游产业,将贵州建设成为世界闻名的旅游度假胜地和重要的文化交流平台。以民族民间文化为特色的民族旅游无疑是贵州旅游的重点项目,民族文化旅游开发带动了当地扶贫工作的开展,促进了社区经济的发展。

一般来说,国家对农村社区旅游开发的投入相对较大,对贵州而言,交通的投入是最急切的,因为贵州山多,修路所耗费的工程量太大,所以一般的农村都只是坑洼小路,民族村寨自然是在较为偏远的山区,基础设施落后,公共设施配套不齐全,没有相对完善的旅游接待制度和保障措施。所以,配套工程的投入会在很大程度上方便他们的生产生活。

"十二五"期间,贵州省拟安排至少 5 亿资金对 300 个贫困村实行扶贫计划,并希望每年能够打造 2—3 个具有示范带头作用的乡村旅游扶贫示范点,在不断的努力之下形成十个以上的具有很大影响力的旅游品牌,让农民们的收入 20% 都来自旅游,让农村就业的人 20% 来自旅游,让贵州省的旅游收入 20% 来自乡村旅游。

据悉，为加大扶贫攻坚力度，贵州省率先在全国开展乡村民族文化旅游扶贫试点。截至目前，已在58个县（区）132个贫困村实施。"十二五"期间，贵州将在全省打造三大旅游主体功能区，即为黔北遵义红色旅游区；黔东南、黔南、黔西南民族风情旅游区；全省生态休闲旅游区。通过民族文化的开发，发展农村社区经济，必将提升农民的社区认同度。

旅游业是一个新兴的服务性行业，它的产生和发展都标志着现代社会生活质量的提高，因为文化旅游响应了可持续发展的号召，是现代社会的朝阳产业。目前，旅游消费是我国城镇居民的主要消费项目，同时也是拉动内需的重要项目。随着改革开放脚步的加快，少数民族地区充分利用其优秀的传统文化和民族资源，与政府协调加大投资力度，加快旅游文化建设的进程，将少数民族旅游业作为战略型产业发展，使其作为社会经济增长的重要支撑产业，在促进少数民族地区旅游业发展的同时，也带动了民族地区其他产业的发展，为民族地区的经济增长作出贡献。

案例一

贵州省兴义市巴结镇的南龙村有一个南龙布依族古寨，寨中居住的全是布依族村民，南龙距离兴义市还有近40公里的路程，全寨有两百多户人家，寨中民风淳朴，没有鸡鸣狗盗之事，邻里和睦，怡然自得。南龙长期以来以种植水稻、玉米以及果树为主，在畜牧业方面主要依靠养殖牛、猪、马、鸡、鸭、鹅为主，过的是传统的自给自足的生活。自从电站修建成之后，万峰湖的湖水淹到了寨边，南龙从古山村变成了渔村，因为水的关系，南龙与马岭河大峡谷连接在一起，许多从马岭河峡谷漂流的游客在体验完刺激的漂流和饱览马岭河峡谷风光之后，可以直达南龙布依族古寨，在这里他们可以尽情体验最古老的民风、民俗。因为电站的建成，寨中水电设施基本健全，具备了接待游客的基本条件。

南龙布依族古寨具有六百多年的历史，寨中几百棵古榕树就是最好的见证，寨中的民居依山而建，错落有致，民居对着的就是宽敞的田坝与溪流，这正是布依族村寨的传统——依山傍水，都说布依族是十分爱干净的民族，因此他们生活的地方一定会靠近水源。这样绝美的景象，正是文人骚客笔下的绝世美景。南龙长期处于与世隔绝的状态，这里的一切都保持着完好的传统形态，不管是人文环境还是自然环境都是它独具魅力的地方，南龙布依族古寨是南盘江一处格外耀眼的古老村寨，它的古老、淳朴、厚重正不断地吸引着外面的游客前来到访。

据考证，南龙布依族古寨始建于明洪武年间，勤劳的布依族人民在一代代的努力与发展中，形成了布依族优秀的传统文化，在这里除了服饰和民居建筑有着不一样的特点之外，其他的仍然保留着古老的风俗。布依族的节日繁多，每逢春节、六月六、九月九等重大节日，布依族青年男女们就会玩起吹奏木叶、互唱情歌、敲锣打鼓、抛绣球的游戏，布依族多姿多彩的文化活动是布依族男女在农闲时期的休闲娱乐，也充分展示了布依族传统的民俗文化。布依族还有风味独特的小吃、优美的乐曲、深厚的布依文化，寨中随处可见的布依族文化是一道道魅力的风景线。布依族青年男女谈恋爱，会用长线拴住两个竹筒，在月色朦胧的傍晚互述衷肠，谈论婚嫁之语，这样的情景充分展现了布依族古老、纯真的恋爱方式。

在寨中，大多数人都穿自己织制的服装，每家每户的织布声常年萦绕耳旁，印证着布依族的勤劳与善良。在这样的村寨中，除了传统的服饰和美德外，他们的文化活动依然还保存得完好，布依族最为著名的"八音坐唱"和"布依戏"仍然在这里表演着。八音是由八样乐器组成，分别是：月琴、鼓、牛骨胡、葫芦胡、萧、笛、锣、小镲。但是南龙的八音还加入了木叶、"勒朗"和"双勒朗"。"八音坐唱"是布依族的传统民间曲艺，据有关记载，布依族的"八音"始于唐代，南龙的"八音"在清初之时就已经在南盘江两岸和广西一带活跃，每到演出之时，人潮涌动，场面浩大。南龙的传统名曲《布依情韵》具有强大的生命力和艺术感染力，参加演出的人员从十几人到几十人不等，形式多样，旋律古朴。"布依戏"是布依族传统文化的另一佳作，它的叙事性强，主要以民间传说、故事为脚本来进行演绎，通常在传统节日、婚丧礼仪、乔迁贺寿的场合进行表演，是布依族群众喜闻乐见的民族民间说唱艺术。

南龙古寨的"八音坐唱"曾经参加过国际、国内的演出,获得了广泛认同和一致好评。1984年,贵州省人民政府授予巴结镇"布依八音艺术之乡"荣誉,吸引了一批批国内外游客观光。20世纪90年代,美国奥克兰大学人类学教授、东亚研究室主任严因印博士曾带领一批考察团进入寨中进行考察,南龙布依族古寨由此进入了世人的视野,让更多人了解南龙、了解布依族。淳朴、善良的布依族人民祖祖辈辈在这里劳作,过着悠闲、安逸的田园生活。他们生活在这里,不怨天尤人,甘于奉献。从20世纪50年代开始,到现在各种建设淹没了500亩良田,虽然经济发展受到了阻碍,但是,他们并没有埋怨国家。针对南龙布依族寨子经济落后的实际情况,要使村寨脱贫致富,必须借着当地的文化资源来发展旅游,单纯依靠发展农业是不能够解决实际问题的,而且作为旅游省份的贵州,目前的旅游业已经初具规模,成为全省经济的支柱性产业,成为国民经济的重要增长点。随着改革开放的不断深入,西部大开发战略的实施,生态环境的建设和浓郁的民族风情,是国家级风景名胜区马岭河峡谷景区的重要亮丽景点。南龙布依古寨属马岭河峡谷·万峰湖景区,是目前全州乃至全省民族风情和自然景观保存最完好的民族村寨,这是一笔宝贵的历史财富,我们必须继承好这笔财富,充分利用它为古寨群众脱贫致富奔小康服务。如不及时对古寨保护整理发展,人们认识不到它的价值,保护意识淡化,在现代文明的冲击下,南龙民族特色将会逐渐消逝,马岭河峡谷·万峰湖景区将失去一颗璀璨的明珠,造成不可挽回的巨大损失。要使南龙古寨永远保持它的独特风韵,必须进行保护性开发,把它推向市场。实施扶贫旅游、民族旅游,使村民尝到发展旅游业的甜头,从而更加珍惜古寨,珍惜传统的民风民俗,也让更多人来关心、爱护古寨。从2001年5月开始,经过初步对外宣传推介,各方游客纷纷造访,对南龙古寨民族风情称奇不已。并为当地群众创收8万余元。事实证明,发展建设南龙布依古寨民族风情景点是非常有市场前景的,是使当地群众脱贫致富奔小康的捷径,是发展民族文化的正确方向,是可行的。

娄山关村——山乡因旅游而变

娄山关是贵州省著名的红色旅游景区，地处遵义市汇川区的北面，娄山关村就在娄山关脚下，虽然有着丰富的旅游资源，但是村中的三千多人并没有因此脱贫致富。随着贵州省旅游业的发展，知道娄山关的人逐渐增多，来这里旅游的人也随之增多，旅游业的发展必然带动餐饮业的发展，有心的娄山关村人发现了餐饮商机，开始走上了致富的道路。

2006 年，板桥镇决定在娄山关村发展民族乡村旅游，一些大胆的村民将自己的房屋改成饭馆和旅馆，第一年就赚了几万元。此时，村民们纷纷效仿，将房屋建在 210 国道边上，开起了乡村旅馆。

这种趋势向整个板桥镇蔓延，现在娄山关村从事旅游业的多达三百多人，每年的游客量多达 20 万人次，实现了年综合收入近 4000 万元的总值。乡村旅游的发展带动了当地人民的经济，农民依靠旅游业实现了在家就业、脱贫致富的梦想。

汇川区板桥镇党委书记说："娄山关村依托娄山关景区，发挥环境优美、气候凉爽的优势，以休闲旅游为主，打造了适合都市人群避暑度假的休闲区。"

旅游业改变了乡村贫穷的面貌，同时也满足了城里人渴望回归自然的心理诉求，当地稍微富有的农民办起了农家乐，不仅是对旅游业的再促进，也带动了当地餐饮文化的发展。贵州省荔波县著名的大小七孔景区，周边就有很多农家乐，村民们每年依靠农家乐都能够赚上好几万的收入。

42 岁的汇川区板桥镇娄山关村民杨志波一天的时间内就接待了十几个组团前来旅游的游客，由于旅馆爆满，他将生意介绍给了周围的村民。村民们实现了在家赚钱的愿望，生活水平的改善提升了他们的社区认同度。

三、优秀民族文化传播传承促进农民社区认同

在促进农民社区认同方面，文化具有其他社会要素不可替代的作用，因此，应尽可能保护、发展和传承民间文化，强化传统文化的传统型和延续性。

1. 优秀民族文化申报非物质文化遗产——贵州桐梓拟将古夜郎申遗

贵州桐梓县目前成立了"贵州古夜郎中国世界历史文化遗产申报筹备组"，拟将桐梓县古夜郎申报"中国贵州古夜郎世界非物质文化遗产"。

有关专家认为，夜郎在先秦时期占据了四川的东部和南部，在那里存在着丰富的古夜郎文化，而在黔、桂、川、滇、湘五省都被证明有夜郎文化的遗留，这些地方是夜郎文化的辐射区域。

但是，也有人提出了夜郎的疆域是以贵州为中心的一个发展的概念，在距今 7000 年前，在黔北地区的赤水河一带诞生了夜郎竹文化，遁水圣母被考证为"桐梓人"，而"桐梓人"是中国华南一代最早使用火的古人类。因此，桐梓县境内应为中国古夜郎国的中心，其他地方只是夜郎国的附属地，是从夜郎国延伸出去的。

"贵州古夜郎中国世界历史文化遗产申报筹备组"有关负责人表示，今天的桐梓，留下了唐夜郎的大量遗址，展现了唐夜郎历史文化的辉煌，最为醒目的是李白到桐梓夜郎留下的诗词，还有衣冠冢、太白泉石刻、太白书院、李白听莺处、夜郎寺、凤凰阁、夜郎古道、夜郎县城等。因此，申遗古夜郎将以唐夜郎为主。

目前，桐梓古夜郎申遗的相关筹备工作正在紧锣密鼓进行中。

2. 优秀传统文化的推广和传播——侗族大歌走进国家大剧院

2008 年 10 月，"2008 国际民歌博览音乐周"在国家大剧院拉开帷幕。到场表演的共有 30 个国内外表演团体，贵州省选送的黎平侗族大歌在这个绚丽的舞台上展示了其独特的魅力，成为此次民歌音乐博览的焦点，在开场之时，整齐的民族服饰，再加上民族无声伴奏的原生态民歌《蝉之声》的发声，瞬间场内爆发出一阵又一阵的掌声。

"2008 国际民歌博览音乐周"在国家大剧院完美上演，28 名来自黎平侗族大歌艺术团的歌手在演出之中尽展才艺，让现场观众畅游于民歌海洋。这次活动旨在为观众真实再现民歌的朴实风貌以及表演者和歌手们朴实的表演。本次活动中的所有乐器以及民歌表演者全部为现场真实表演，以原声表达纯粹的民歌和朴实的情感。原生态近距离的表演为现场观众带来了不一样的体验，激起阵阵的欢呼和惊叹，带给观众对侗族大歌全新的体验。

贵州黎平侗族大歌艺术团顺利通过"2008 国际民歌博览音乐周"艺术委员会评选和组委会审核，由贵州省民族民间文化保护促进会组织选送，获邀参加了于 2008 年 10 月 3 日至 8 日在北京国家大剧院举办的，由国家文化部外联局、北京市委宣传部、国家大剧院共同组织的首届国际民歌博览音乐周活动。贵州黎平侗族大歌艺术团在音乐周活动中获得的表演限定时间是 45 分钟，贵州省民族民间文化保护促进会特邀中国合唱协会群众艺术专业委员会副主任、贵州省合唱协会理事长、省民族民间文化保护促进会艺术顾问孙荫亭到黎平编排和训练曲目表演，全体演员和工作人员积极克服种种困难，为侗族大歌在国家大剧院大舞台上的绽放奉献出了所有的激情，确保在此次活动中为观众们展示出更加完美的侗族大歌。

10 月 5 日，贵州黎平侗族大歌艺术团与巴基斯坦民歌演员在大剧院的戏剧厅同台演出。在表演的下半场里面，黎平侗族大歌艺术团一口气演唱了《月堂情歌》《赶歌坪》《春蝉歌》《珠郎娘美》《踩歌堂》等 11 首侗族歌曲，侗族的文化第一次在如此宏大的舞台上完全地展现自己。45 分钟的演出，将侗族人民的勤劳、善良、勇敢、智慧的品质充分地体现出来，让观众们感受到了属于少数民族独有的天籁之音。

国际和国内民歌同台展演，将此次音乐博览盛会变成了一个了解、交流的平台。在博览周的几天，贵州黎平侗族大歌艺术团没有放过任何展现自己的机会，他们与捷克加森卡歌舞团在地坛公园为观众们演出。侗族大歌艺术团的成员吴传蓉表示，能够登上国家大剧院的舞台十分激动，相信在这个舞台上还可以更好地将侗族的文化展现出来，让更多人了解少数民族民歌的艺术魅力。

此次音乐博览周共举行六天，来自国内外的 38 个团队近 1000 名表演者在国家大剧院的舞台上各自展示着本民族的特色，此次演出参与的游客就达到了 5 万人之多。不同的代表团展示着不同民族、不同国家、不同地域的民族文化特色，竭尽全力在这个舞台上把自己的文化推出去。在闭幕式上侗族大歌团队的《丢久不见常相思》被选入演出，再一次获得了国内外观众的热烈掌声。10 月 8 日，贵州省民间文化保护协会还得到了各国代表的高度赞扬，获得了国际民歌博览音乐周组委会颁发的荣誉证书。这样的音乐活动周，在国家大剧院每两年举行一次，相信通过不懈努力，贵州省的各民族都会带着自己民族的优秀文化登上这样的舞台。①

3. 参与和举办民族运动会

2011 年 9 月 10 日，第九届少数民族运动会在贵州贵阳举行，民运会促进了贵州省的发展，提高了贵州省的知名度，向外界展示了贵州人的文化，民运会的举办，展现了贵州省的经济、人文、自然和谐发展，向外界证明，贵州人民不甘示弱、勇敢前进，展现了贵州省的民族风情。民运会的举办，带动了贵州的旅游发展，一旦抓住这次机会，就是抓住了一个新的起点。

---

① 《侗族大歌走进国家大剧院》，见贵州民族民间文化资源信息网。

第四章

公共文化基础设施建设与农民社区认同的理论与实践

公共文化基础设施的建设与农民社区认同关系密切。在贵州省公共文化基础设施的建设实践中，既取得了不少的成就，也存在着亟须解决的问题。同时，公共文化基础设施的建设不仅给农民社区认同带来了积极影响，而且对农民社区认同产生了些许消极影响。

第一节　贵州民族地区公共文化基础设施建设现状与不足

一、公共文化基础设施建设取得的成绩

1. 三级联动、推进公共信息资源共享工程建设

"公共信息资源共享工程"始于 2003 年，其核心目的在于通过多种形式推进公益性文化事业发展，强化公共文化基础设施的软实力。"共享工程"通过信息数字化的手段整合了中华民族几千年的文化资源，制作了简单易操作的开放性平台，实现了文化资源从乡（镇）到市（区）、从街道到全省全方位的云存储、云共享。

近年来，贵州省文化信息资源共享工程在国家文化部、财政部的大力支持下，在国家中心的具体指导下，通过省、市、县文化部门三

级联通、协调推进，截至 2012 年底①（见图表 4 - 1），已取得了较大成绩。

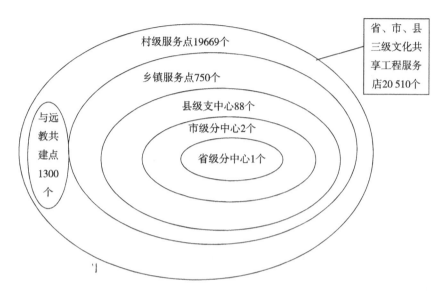

图表 4 - 1　贵州公共信息资源共享工程建设情况图示

第一，资金是文化信息共享工程的必要保障。截至 2012 年，中央财政为贵州提供资金 16.39 亿元用于文化信息共享工程建设，其中基础设施建设经费 15.99 亿元、资源建设经费 400 万元；贵州省省级文化信息资源共享工程建设配套资金 3359 万元，其中基础设施建设经费 3009 万元、运行维护经费 350 万元。同时，各县根据实际情况，每年投入文化信息资源共享工程不少于 4 万元。国家、省级、县级三级财政共同投资，保障了共享工程的资金到位情况。

第二，人才是文化信息共享工程的硬性条件。"共享工程"是高科技工程，需要专业人才对其进行维修、维护、升级、改造，为此，各"共享工程"必须聘请专业技术人员进行操作。贵州省将人才作为硬性规定，要求各县级支中心的专业操作技术人员不得少于两名，且须持有计算机专业的毕业证书。为此，各级政府大力招纳人才，确保设备有效

---

① 资料通过整合国家数字文化网、中华人民共和国文化部网站、贵州省人民政府网站相关数据得出。

运转，及时维护。例如，平坝县、六枝特区和镇远县，都增加了县级支中心的编制。有的县直接从教师队伍或文化系统内部调配县级支中心技术操作人员；一时没有条件的，也在县城网络公司聘请专业技术人员兼职服务，使服务质量得到保障。

第三，资源是文化信息共享工程的核心要素。文化信息共享工程的根本目的是为人们提供丰富、多彩、易懂的信息，贵州省针对贵州少数民族多、城乡分散、文化差异大和对资源需求不尽相同的特点，要求负责任、接地气，紧密结合区情，制作通俗易懂的数字资源，分区域、有针对性地提供资源，先后为烤烟种植地区制作了《贵州烟草视频专题库》，为生态环境重点保护地区制作了《贵州环保视频专题库》，为农村计划生育和防病治病制作了《贵州卫生视频专题库》等，形成了若干适用性强的资源板块，增强了资源的吸引力。实践表明，只有紧密结合农村地区和少数民族群众的根本诉求，全方位整合科普知识、文化艺术知识等资源，着力建设惠民生、增民享的接地气资源，才能以实用、高效、科学、易懂的资源吸引群众。

第四，特色是文化信息共享工程的发展动力。由于贵州省是少数民族大省，"共享工程"搞得好不好，关键在于民族地区搞得好不好；"共享工程"受不受人民群众欢迎，关键在于民族地区人民群众是否欢迎。实践表明，基层服务点以民族语言译制的科普知识、民俗知识最受欢迎，由于他们在视频上看到用本民族语言解说的科技知识和电影，感到十分亲切，老百姓听得懂、愿意学、主动学，效果较好。

2. 政策支持，推进公共文化基础设施建设

政策是国家或者政党为了实现一定历史时期的路线和任务而制定的国家机关或者政党组织的行动准则，政策对国民经济社会发展的重要性是不言而喻的。贵州省各级部门高度重视公共文化基础设施建设。

第一，全方位、多角度加强优秀民族民间文化传承，加大对文物、历史文化名城名镇名村、非物质文化遗产和自然文化遗产保护力度，加

强对外宣传和文化交流。①

第二，大力开展公共文化基础设施建设，在贵州九个地级市铺开博物馆、文化展演中心、文化馆等建设，健全市（州、地）、县、乡三级公共基础设施。②

第三，加强民族文化基础设施建设，加大对民族地区基础设施投入的力度。③

第四，完成500个民族地区贫困乡镇扶持推进计划、500个特色民族文化村寨建设推进计划。④

3. 改善民生，切实完善公共文化基础设施建设

推动公共文化基础设施建设，提升公共文化服务效能，保障人民群众的文化民生，建设文化惠民项目，其根本目的无疑是改善民生，有利于丰富群众文化生活，有利于增强文化消费能力，有利于推动和谐社会，有利于提升文化综合素质，有利于提高社会整体文明程度。

2008年以来，贵州民族地区强力推进公共文化基础设施⑤建设，在公共文化基础设施领域下大力气，取得了相当的成绩。以黔东南苗族侗族自治州为例（图表4-2，图表4-3），2008年以来，公共文化基础设施建设几乎是呈射线发展趋势，稳步上升，且幅度较大。同时，2009年，侗族大歌列入联合国人类非物质文化遗产名录，《剑河苗族水鼓舞》夺得第五届CCTV电视舞蹈大赛"群文舞"总决赛第一名，"一会两节"取得圆满成功。2010年，第四届中国·贵州·凯里原生态文化艺术节暨镇远古城文化旅游艺术节、中国·凯里甘囊香国际芦笙节、13年一度的苗族"鼓藏"节、原生态侗族大歌节等节日获得圆满成功。

---

① 《贵州省"十二五"国民经济和社会发展规划纲要》，见 http：//www.gz.xinhuanet.com/2008htm/xwzx/2011-01/29/content_ 21977662. htm。

② 《贵州"十二五"规划公共文化服务体系建设工程》，见 http：//www.gz.xinhuanet.com/2008htm/xwzx/2011-01/29/content_ 21977662. htm。

③ 贵州省民族事务委员会：《贵州省"十二五"少数民族事业发展专项规划》，见 http：//www.qdnzmw. gov. cn/plus/view. php？aid =191。

④ 贵州省民族事务委员会：《贵州省"十二五"民族事业发展十大推进计划》，见 http：//www.gzmw. gov. cn/ShowNews. aspx？NewsID =1023。

⑤ 较为典型的有文化馆、图书馆、博物馆、展览馆、纪念馆、杂志社、报社、档案馆和艺术馆等。

2011 年，举办中国·凯里甘囊香国际芦笙节、中国·贵州黔东南超 100 公里跑国际挑战赛、原生态侗族大歌节等节日获得圆满成功。

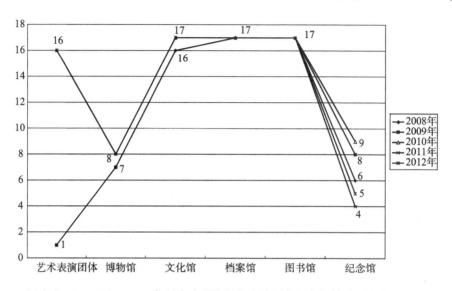

图表 4-2 2008—2012 年黔东南苗族侗族自治州公共文化基础设施建设情况

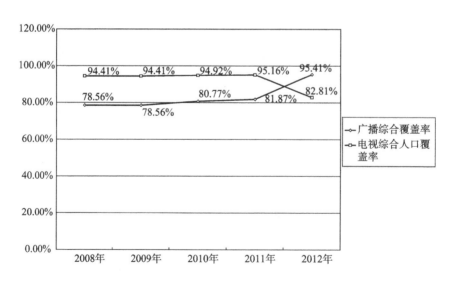

图表 4-3 2008—2012 年黔东南苗族侗族自治州广播、电视覆盖率情况

二、公共文化基础设施存在的不足

1. 缺资金，投入力度小

第一，财力不足，经费短缺。由于贵州民族地区一直以来属欠开发、欠发达区域，经济发展水平普遍不高，在全面建成小康社会的时代背景下，经济发展事实上仍然是主导贵州发展的首要因素，尽管地方政府已经认识到公共文化基础设施建设的重要性，但限于经济和精力，在执行力上有所不足。特别是财力不足，无力承担文化部门业务经费，文化事业陷于停滞，文化阵地面临失守。

第二，认识不足，重视不够。前面已经讲过经济发展与社会效益的协调发展对欠开发、欠发达地区政府执政能力是重大考验，基层政府经费短缺，往往将有限的经费投入到经济建设中，认为经济的发展能够解决一切矛盾，而忽略了公共文化基础设施建设。特别是在政府绩效考核中，文化建设尽管是刚性指标，但所占比重偏低，在得失衡量中往往是摆在次要地位的，形成了"讲起来很重要，干起来很次要，忙起来往往不要"的局面，可以说，政策导向抑制了文化发展的内驱力。

第三，制度缺乏，投入不足。不可否认，贵州民族地区文化事业经费呈逐年递增趋势，但与经济发展增速相比明显偏低。同时，城市与乡村、区域与区域间文化事业经费投入差异明显。同时，公共文化设施制度缺乏，民间力量、社会资本难以进入，难以达到引进优势力量集中突破的效果。

第四，需求较多，表达不足。公共文化基础设施属公益性文化事业范畴，在市场经济条件下，它受到大众需求影响。总之，不管是私营产品还是公共产品，其购买者都是公众，其购买的产品体现出自身的需要和意愿。根据大多数人的购买意愿来进行分析，我们在为他们选择公共产品时，应该要经过公共决策程序，公共决策程序主要由公众的意见搜集、公众对公共文化需求的表达，以及社会影响力评介等环节组成，这种政策输出—反馈的机制实质上是一个开放的环。由此可以看出，政策制定重视民声，便能推进民生。①

2. 缺人才，组织能力差

群众文化工作的载体和阵地主要设在基层，以乡镇、街道综合文化站、农家书屋、村和社区文化活动中心为主，但目前贵州民族地区基层文化站几乎没有专职站长，文化干部专干不专业的现象较为普遍。一些文化站即使是有站长，也只是由乡镇、街道临时聘用的，基层文化工作者待遇偏低，人心不稳明显影响了基层文化工作的深入开展。特别是大多数村文化活动中心（室）的管理人员，一般由村干部兼职。这些兼职干部由于工作繁忙或专业水平不够，影响了履职能力。

文化队伍的整体素质仍然偏低。据了解，目前我省各市及以下文化机构中，许多是一般行政人员和工作人员，具有专业水平和工作能力的文化人才不足。在农村，公共文化队伍的文化素质和业务素质都不尽如人意，文化素质不高、专业水平有限且年龄老化。

服务能力有待提高。文化站干部兼职其他行政工作的情况比较突出，文化站干部业务技能不强，艺术门类的辅导、文化活动的组织无法胜任的问题也较普遍。

3. 效益差，利用率较低

尽管贵州民族地区公共文化基础设施总量在递增，但管理能力和执行能力的欠缺，使这些设施功能发挥不充分、运行状况不理想。特别是一些乡镇文化站、农家书屋管理不到位，服务效能低，致使一些图书室藏书少，鲜有更新，借阅人员流量极低。

由于对文化的不重视，县里、乡里的文化馆不仅要搞文化建设，还要承担其他的服务；有的即使建起了图书馆和文化馆也无人问津；有的将文化馆的办公室与别的办公室放在一块儿，这对文化活动的开展有很大的影响，同时也背离了公共文化服务的便利性原则；另外，就是存在一些文化场所布局不合理的现象，例如，剑河县没有一家电影院。

---

① 章建刚，陈新亮，张晓明：《我国公共文化服务存在的问题》，《学习时报》，见http://www.china.com.cn/xxsb/txt/2007 - 12/11/content_ 9371649. htm。

不少公共文化机构仍然存在"等、靠、要"的思想，缺乏自身造血机能和自我发展能力，特别是剧院、电影公司等经营性文化事业单位，社会化、市场化管理运行能力不足、效率低下，部分图书馆、文化馆、博物馆、乡镇综合文化站等公益性文化事业单位内部管理机制相对滞后，服务创新能力不强，提供的公共文化服务内容、形式、方法与群众的现实需求不相适应，有些文化产品背离了"三贴近"的原则，适应群众需求的内容偏少。

第二节　公共文化基础设施建设与农民社区认同危机研究

公共文化基础设施是硬件，是农村文化建设的基础，是人民群众能够最直接感知、感受的对象，更加是农民社区认同的核心要素之一。通过梳理，公共文化基础设施建设与农民社区认同至少存在五种关系。

一、公共文化基础设施建设是公共生活秩序的硬性条件，是农民社区认同的硬件设施

众所周知，社区生活秩序是社区成员在长时期的共同生活中所凝聚的道德、行为、精神等要素的集合，它是社区成员权利与义务、行事准则与模式、道德和信仰等要素的最终导向，同时也是社区角色认同的重要基础。尽管社区中每一个体或群体均处于多个角色的扮演转换中，但它们有共同的一致性，即行为必须符合社区普遍认可的社会秩序，因此，要以"相亲相爱""相互团结"为我们生活的共同准则，形成团结、友爱、互帮、互助的共同行为模式。哈贝马斯曾经指出，"认同归根结底是共享信息、相互理解、互帮互助"。[①] 事实上，我们可以发现，公共文化基础设施建设可以为社区居民提供足够的硬件设施，满足他们对文化的需求，避免出现公共文化基础设施不全而导致的权力寻租、扯

---

① ［德］尤尔根·哈贝马斯：《交往与社会进化》，张博树译，重庆出版社1989年版。

皮吵架等情况，为农民社区认同提供最基本的保障。

二、公共文化基础设施是公共生活秩序的先决条件，是农民对社区认同的标准

公共文化基础设施健全可以突显文化凝聚群体行为及心理意识的功能，同时还可以对群体的行为起到规范作用，防止社区无法满足社区居民文化所需。从纵向时间序列而言，精神文化作为增强群体凝聚力的重要要素，不断增强着群体信仰，不断巩固着价值体系，给社会群体带来了归属感。当前，社区的群体精神已经成为社区中的精神信仰和行为规范的准则，是社区居民道德观、价值观、世界观、人生观不断良性发展的重要力量，也是提升社区居民参与度的重要保证。

随着市场经济的进一步深入，在其影响下农村社会结构也在不断分化，以适应现今的社会环境。在寨邻之外文化的影响下，农村千百年的传统文化受到冲击，其信仰体系日渐瓦解，价值体系由一元化转向多元化，乡村文化趋于离散，传统文化逐渐缺失凝聚力。面对这样的状况，在乡村建设的历史进程中，我们应该关注农民的精神文化需求，他们的精神文化需求是建立新的公共信仰和价值体系，以及重新凝聚群体归属感的重要步骤，必将促进社区认同的重建。

三、公共文化基础设施是公共生活秩序的黏合剂，是农民社区认同的核心要素

人的需求是人的原始欲望，现代社会亦是因为人类的需求而不断进步，因而个体的成长与发展也是与需求密切相关的。人类只有在有序的环境中生存才能得到需求的满足。当前社会，农民需求日益主动，他们更加关心自己的精神需求和社会对他们的服务需求，农民之间形成了不同层次和花样繁多的特征，而农民最迫切想要的便是社会所提供的公共服务，这也是将农村与社区紧密联系的重要环节。在新农村建设中，只有搞好公共服务，将农民与社区有机结合，才能更好地做好新农村建设

工作，这也是成为人民信任与支持的基础。我们可以认为，新农村文化建设就要通过不断加强农村公共服务基础设施建设，以改善硬件条件来满足农民的诉求，以满足农民的诉求来推动农民的归宿感，以增强农民的归宿感来提升社区的凝聚力。换言之，大力推进农村公共服务基础设施建设是新农村建设提高社区凝聚力的重要手段，也是构建现代农民社区认同的核心要素。

四、公共文化基础设施建设是公共生活秩序的催化剂，是农民社区认同的精神体现

农民从此享有作为我国人民应该享有的权益保障，改善农民的社会环境以及精神生活是国家建设的重要战略目标。农民群众的合法权益能够得到保障，是消除城乡二元结构差异的重要方法。在经济结构转型日趋急剧、群体层次差异日益明显的当下，在异质、分化的社会中形成社会共识，是构建和谐社区的必由之路。只有承认城乡差异，重视城乡差异，解决城乡差异，社会秩序才能有序高效构建，这就要求我们主动积极去进行调研，查找不同群体的同质与异质。不管在哪种社会，民众的权益与利益的保障和维护都是个体之间得以生存和发展的基础。对民众利益和权益的维护是让民众信任的首要条件，农民得到应有的公平权有利于增进交流、相互建立感情、相互信任；在交流沟通的时候逐渐形成相互的认同以及对集体的认同，有利于民众归属感的形成，有利于社区群众的凝聚力和向心力。

五、公共文化基础设施建设是社会生活秩序的保障，是满足农民日渐增加的精神需求的体现

社区认同是以社区群众的思想意识为基础的共同表现形式，社区公共性活跃程度取决于社区群体的参与的踊跃程度，以及参与意愿的强烈程度，社区群体的参与有利于社区秩序的规范与社区责任意识的增强。常常参与社区活动或者日常事务，不仅有利于个体社会资本的提高，有

利于社区内个体之间的交流，有利于社区文化灵魂的形成。在当前新农村社区中，有着不同成分的个体或者集体，例如企业、个体经营户、各类经济社会组织都是社区的重要组成部分，每个人或者每个集体都有属于自己的行为方式和价值取向，因而社区认同的形成必然是各个社区成员之间相互交流、平等参与的纽带，让各个个体之间逐渐形成共识。

第三节　公共文化基础设施建设对农民社区认同的积极影响

一、有利于强化民众文化需求表达和民主参与机制，增强农民参与性

从理论上讲，文化权利主要有四个方面的内容：首先，是公民有享受文化成果的权利；其次，是公民有参与文化活动的权利；再次，是公民有开展文化活动，以及创造文化活动的权利；最后，是公民的个人文化成果有受到保护的权利。《国家人权行动计划（2009—2010 年）》对公民权利的保障有较为详细的叙述，对国家在文化的投入，以及制度的制定上都有专门的规定，一个优秀的公共文化服务体系应该具有完整的功能，不仅要让人民都享受到国家政府提供的公平的文化服务，还要提升文化产品的多样性，吸引广大民众的主动参与、积极参与。

公共文化服务不能将民众看作被动的服务对象，而是应该设立民众意见搜集机制和反馈机制，重视民众的需求表达，让民众参与进来，赋予民众表达权、知情权、选择权和监督权，建立透明、公正、公平的文化服务机制。

二、有利于健全公共文化服务弹性供给机制，增强农民主动性

政府应该在调整和改善目前以公益文化事业单位为首要服务的模式，同时，还应该关注和重视特殊群体、特色群体的要求，加大对这些

群体的资助、奖励和扶持。另外，还要改变原有的单一政府供给模式，还要有政府倡导，社会与市场配合政府提供各种形式的文化服务供给体制，趋向发展成"引导重心在中央、规划重心在省、服务重心在乡村、消费重心在社区"的公共文化服务体制结构。

三、有利于建构政府、市场、社会、村民四级联通合作机制，增强农民协同性

倡导为民众提供公共文化服务的群体要充分发挥特长，将自身的积极性和主动性调动起来，集政府、社会和企业三方的优势把民众所需的精神文化产品做好，起到引领带头的作用，实现公共文化产品具有导向性、大众性和专业性三个方面的特性。积极探索公共文化产品的内在意义，丰富公共文化产品的形式，在做精品的同时也要多做普遍性高、通俗易懂的大众产品，这样不仅能提高民众的积极性，还能满足民众不同种类、不同层次的文化需求和精神需求。

四、有利于建立公共文化服务农村、基层、欠发达地区优先机制，增强农民认可性

服务要跟得上，资金是必不可少的，因此，公共文化服务要想实现平等化和均等化，就必须要增强财政的支出功能，在了解和掌握目前区域、地区、城乡经济差异和文化差异的基础上，明确各地的产品供给情况和不同地区的规划目标差异，研究确定不同地区的公共文化经费的支出范围、国家补助的标准，以及关于公共文化服务实现均等化和平等化的实现路径，明确国家增加对农村贫困地区、西部地区和弱势群体地区的资金投入，力争文化建设的均衡性，采取一揽子的措施，建立全面覆盖的公务文化服务网络，确保人民群众的基本文化权益。

社会认同在我国农村文化建设中占据了十分重要的地位，那么怎样增强社会认同，以及在构建社会认同的时候采取什么方式和途径来推动我国农村文化建设的进程，就是十分值得注意的问题了。以下几点值得

我们思考：

第一，统筹城乡两地经济、社会两个方面的协调和发展，以不断提高农民生活条件为基础，是实现农民社区认同的物质基础及先决条件。

在人民无法保障自己生活及生存时，一切以能够生存和生活为主。但是一旦物质条件得到保障，社会认同便有了实现的基础。物质决定意识是不变的真理，所以我们要以史为鉴，以历史为基础，从实践出发对观念的产生进行阐释。社会认同是集体观念，是一种主观思想，其产生的基础源于客观存在，但是，客观事物的变化、发展始终会对社会认同有较大的影响。历史的发展是动态的，社会认同的实现也是一个动态的历史发展过程，我们必须要尊重历史、尊重历史进程中所存在的客观实际条件，才能够合理地、更好地构建社会认同、促进社会认同、不断地推进实现社会和谐。正如涂尔干在他的《社会分工论》一书中就提出：任何一个民族的伦理道德观是由他们的生活环境，以及生活条件所决定的。如果我们将不同于他们的思想道德意识强加给他们，不论这种思想如何，都会导致该民族散裂，其中的个体都会感受到这所带来的不良感觉。

新中国成立以来，国家经济不断发展，其实力也得到大幅度提升，人民的生活水平日益提高，但是，落后的农村仍然没有改变其贫苦、滞后的局面。虽然近年来农民收入有所提升，但是其增长速度较之城镇居民缓慢，城乡之间差距，仍然较大，要缩短城乡经济、文化等差距，任务十分艰巨。根据国家统计局的统计信息了解到，2008年我国农村人口的人均收入为4761元，除去价格浮动因素，较之上一年增长了0.8%；城镇居民的人均收入为15781元，相比2007年增长8.4%，城乡收入差距很大，形势不容乐观。在金融危机的影响下，农民的种植收入变少，外出打工者的收入也受到了极大的影响，且失业人数增加，就业形势严峻，这些都是拉大城乡差距的客观因素。根据数据可知，2008年我国农村外出就业总数相比2007年增加478万人口，虽说是增长了3.6%，但是相对于去年则下降了2.4个百分点，是自2000年以来增长速度最慢的年份。

城乡收入的差距如果持续扩大，不仅会造成贫富悬殊严重，还会加剧收入的分配不公平，还会使政府长期以来如专项补贴、取消农业税等惠农政策的成果消失。这样一来不仅造成国家贫富悬殊，而且还会减弱农民的社会认同感，更会阻滞我国新农村建设的步伐。因此，必须要以科学发展观为指导思想，将城乡发展纳入重点建设项目，实行类似"先富带后富"的促农政策，以工业带动农业、以城镇带动农村，实现互助共荣的长效机制，这样才能够真正意义上解决落实农民问题，将阻碍我国经济发展的障碍清除，才能够缩小城乡差距，为增强农民的社会认同感提供物质基础。在文化建设中，满足人民的精神文化需求的同时，还要重视城乡两个区域的文化发展情况，主要是关注农村、偏远地区，以及进城务工者的精神文化需求，这是增强农民社区认同的重要措施。

第二，以共同的理想信念为基础，全面构建社会主义核心价值体系，这是增强农民社区认同的精神支柱。社会认同的主要目的是认同，是人们的意识在初始行动中的表达。人民对现有的社会制度，以及其他方面情况的认知与认识程度有差异，人们本身的内在价值目标亦不同，所以，我们必须要形成共同的价值观念。只有这样社会主义的核心价值体系才能成为其意识的本质体现，才能成为全党和全国人民相互团结、相互帮助、相互进步的核心思想基础。

建设社会主义核心价值体系，主要是让其成为民众的共同观念、共同目标。社会的一致性是以社会认同的形式来表现的。因为，社会认同是社会一致性的来源，虽然我们达成了一致的观念意识，但是并不意味着我们的生活细节都要一致，合理性与差异性还是需要存在的空间的，社会群体之间的相互理解与合作，对社会规范形成以及群体的共同价值具有导向性，只有大多数人对社会主义核心价值体系认同，才能将其树立成共同的追求目标与内在动力，这样它的其他功能才能得以实现。价值观念实际上是人们思想意识在头脑中的反映，它是社会主义实践的主观反映。因此，建构社会主义核心价值体系就必须进行实践，不能过分依赖对未来的幻想，以及民众的理想支撑。当民众真实地从社会主义制度下获得了实惠和甜头，才能真正地信任社会主义制度，并认同社会主义观念。

第三，根据农民对精神文化的实际需要，来重构新农村文化建设的切实内容和形式，增强农民的凝聚力，是构建农民社区认同的直接手段。

只有准确把握民众的精神文化需求的变化动向，才能够向民众提供他们所需求的文化服务和文化产品，贴近人民、贴近生活才能在民众心中树立形象，才能够引领民众的思想。随着我国经济社会的极速发展，人民群众在物质文化得到满足之后开始寻求精神文化，而且也从单一的需求发展成为多样化的需求，民众积极开展各类文化活动。但是，在农村，文化建设只是为了应付差事的形式主义，大部分投入在活动的开展上，但是没有向民众提供良好的文化服务，也没有满足民众文化的需求，文化活动形式单调，文化产品与文化服务严重滞后，不能达到民众对文化的要求。

胡锦涛同志在 2008 年的全国宣传思想工作会议中提出，现在、以后的宣传工作中，必须要"高举旗帜、围绕大局、服务人民、改革创新"，其中服务人民就是要把人民的事当做自己的事，把人民的事情当做首要的事情，把人民的满意当做自己的满意，接地气，贴生活，近群众，努力为实现满足民众的各种需求而奋斗，争取让民众都能享受到国家的公共文化服务，促进全面发展。因此，我国现今的农村文化建设需要以农民的实际需求为基础，以此来进行相关的服务工作，争取为农民提供切实有效、独具特色的文化服务。据调查报告显示，当前农民最为渴望的是得到自己想要的图书、广电网络、科普培训和各类文艺演出，以此来丰富他们的闲余生活、汲取知识养分、获得科技知识和技能等。

要想让农村文化建设得到农民的无条件支持，不仅要满足农民的文化需求，还应该积极发现、创新和补充内容，改进方法手段，变革体制机制，以中介为载体，丰富文化产品样式来吸引农民，增强他们的社会认同感，但是由于农村属于个体行为方式，不容易将新的文化普及给每一位农民，因此就要求我们通过借助农村组织的形式来改变个体行为的方式，来加强农民的凝聚力和向心力。

第四节　公共文化基础设施建设对农民社区
认同的消极影响

一、公共精神消解导致农民社区认同危机

现今，人们在开始做某件事之前，都要弄清楚有什么实质性的利益，于是不管是做事情还是交朋友，就逐渐变成了一件交易，背后都藏着一个个条件。如今，在许多农村地区，传统的邻里互帮互助已经不存在了，不管是生活还是生产都被附上了经济交易的色彩，成了能够用钱购买的产品。

农民在受此影响，开始逐渐变得利益化的时候，也离传统的道德思想越来越远，传统的社区生活逐渐走向崩溃、瓦解。由于各种计算的理性意识在大脑里生根发芽，必然会让我们的头脑充满无数的不可确定和未知。农民的价值取向问题不再被议论得不可开交，因为这种情况已经是当下农村中的现实反映。对于他们来说，个人利益大大地超过了公共利益、集体利益，公共事务陷入了个人利益至上的经济学陷阱。

公共精神体现的是一个群体的共有的社会意识和社会精神，当一个社会的发达程度到了一定高度，那么这个社会的人民素质、生活环境，以及精神氛围就越发优秀，而每一个社会成员都可以很好地分享社会的公共资源和社会福利。但是，让人犯难的是在当今社会的农村中，传统的公共精神在不断流失，人们不再像以前那样相互帮助，而农村的公共文化事业也日渐消弭。虽然近年来国家加大了对农村文化事业的投入，但是因为目前农民的自利心理，使他们在不断权衡利弊的同时，自动选择去获取更高的利益，而放弃国家对他们的投入和优惠。

在现今的农村中，逐渐受到乡镇、城市的影响，其话语开始逐渐由传统农村的集体指向转为个体指向，具有很强的现代话语特征。这种巨大的变化在社区的舆论上，则表现为由公共舆论转为去公化的舆论，这种现象主要有两个方面的特征：首先，是先前的公共舆论从公共场合转

向隐秘场合，农民也不再在公共场合高谈阔论，而是在私人场合下展开对某人的批评；其次，农民偶尔会讨论超出社区，且与社区无关的话题，这些话题不仅失去了地域性也没有了规范性。总而言之，公共舆论不再是公共利益的属性。

二、私人生活变革导致农民社区认同危机

公共舆论在这个社会大环境下，逐渐削弱了农村的社区认同，这种舆论对农民的约束力显得越发无效，各种不再遵守社会规范的行为举止层出不穷。例如，农民在公共舆论中不再管和议论别人家的事，虽说看起来变得文明了，是尊重别人隐私的体现，其实质是公共舆论失去了它的约束力，其力量逐渐减弱，公共性和理论性日益变得窃窃私语，农村不再有规则。

改革开放之后，农村的治理发生了重大改革，国家放松了对私人生活的管束，加速了传统社会生活的自我解构行为，这样的变革导致自我中心主义日趋泛滥，这样的形式是重视自我的权利，无视应该承担的责任和义务，最终变成了只为自己利益思考的缺乏公德的人。

个人生活的变革总是与公共领域的变革相互影响，其中在农村地区最为严重的有几种情况：

一是自私的欲望无限扩大，以自我为中心现象的泛滥；二是互帮互助精神消失殆尽，公共意识没落。这些现象其实不仅反映出农村居民对私人生活的过度重视，还是农村生活中传统的公共生活退化、消失的一种反映。

家庭生活是组建农村生活的元素，它既承担着个体的私人生活，也是农村公共生活的构建部分。原来农民的日常生活是最为坚固的，国家曾经企图运用各种方式将农民的家庭利益打破，将其融入到大集体中来，但是最终都以失败告终。但是近年来，农民开始不攻自破，以前被认为是最坚固的家庭生活在逐渐被人们自己摧毁，农村的离婚率越来越高，打破了家为本的一贯观念，进而农民的各种生活观念也随着发生了毁灭性的变化，如今曾经被人不齿的各种行为却在今天被

演绎着，例如婚前性行为、伤风败俗的色情表演、不走正道的务工形式。农民的家庭生活、集体生活不管是在内质还是形态上都在发生着不可逆的变化。

三、强调便利休闲导致农民社区认同危机

目前，群众的文化活动不仅仅局限于传统的观看戏剧和演出，而是与时俱进地开始选择看书、看报、打牌、上网、健身等活动，充分地将自己的业余时间安排得丰富多彩，群众的私人生活得到了充实。但是目前的群众文化生活还是有些单一，有超过大半的民众选择在家看电视，特别是农村，文化基础设施薄弱、文化生活形式单一、缺乏健康向上的文化生活。

随着社会的发展与进步，人们的精神文化需求越来越多样，有10%的群众认为政府在为群众提供公共文化服务时，还应该与本地特色相结合，与当地政府合作，提供独特的、有本地特色的文化服务。不管是在城市还是在农村，民众的需求都不是同一的，而是多样化的，农民喜欢唱戏、花灯等传统民俗文化活动，公职人员喜欢体育健身、歌唱等文化艺术活动。像这些各种层次、各种需求的不同，势必要求国家与当地政府协同合作，提供与本土文化相结合的特色服务。

从调查中发现，不同年龄层次的群体对文化生活有着不同的需求，呈"倒葫芦"形特征，即青年对精神文化的需求量较大，中老年对文化的需求较之于青年要少得多，而且需求的内容单一。对农村文化建设与服务不满意的大多是中年群体，青年与老年群体则没有太激烈的观点。由于网络的普及以及对身体健康的关注，上网和健身成了目前人们喜爱的活动；还有就是现今宗教信仰的需求值得重视，不管是什么行业，学生、农民、自由职业者等等将这类活动作为自己的喜爱项目，比例高达17.55%。

作为民众，对于公文化服务的关注重点，主要是在服务是否便利、是否免费，以及服务内容是否丰富等方面，群众所关心的这些也正是他们的需要诉求，这样更加监督了文化服务时的质量以及内容，让它成为

更实际的为民众提供便利的服务，深入民众生活、做到切切实实地为民众提供服务。

四、政府刚性供给导致农民社区认同危机

从调查情况来看，乡村举办文化活动的几乎没有，即使是城镇这种活动也是很难见到的，且形式单一，主要是以放映电影为主。政府所提供的农村基础文化资源少，电影的放映及喜剧的表演只占了50%，而且资源单一、缺乏多样性。所提供的资源主要集中在乡镇或乡镇以上的地方，真正能够下到村寨的很少。

在农村存在投入与配置失调的现象，国家政府对文化事业的有限投入主要是在基础设施方面，在一次性建成之后，缺少对文化人才的投入，以及没有后续的相关管理，更没有使其正常运转的资金投入，"只建设，不管理"是目前绝大部分政府对文化服务事业的投入特征。即使是在大力宣传要建设图书室的时下，但是被采访者认为书的种类有待丰富，书的数量少、不开门、无管理的特征是当今图书室的特征。

近年我国有关文化事业的经费支出增长迅速，但是与群众不断增长的文化和精神需求相比而言，仍然存在很大的不足，对于文化事业单位的建设而言，缺少财政后备的保障和有力支持。大多数的被访问者都反映一个问题，即文化服务的资金投入不足，以及文化服务事业的不被重视，这些广泛存在的问题在一定程度上影响了文化人才的吸纳和基础设施的建设。

据统计，当地政府每年在进行公共文化服务的考核时，有的被访问者认为，这样的考核是不会到群众当中去征求意见的，而大部分人却不知道有这回事的存在，这类人大概占总数的50%左右。公共文化服务顾名思义就是对广大群众的服务，服务的好坏自然应该由这些接受服务的群众来进行评价，但是现在的现实是我们要考虑如何能满足群众日益增长的文化需求。

在实地调研的过程中我们了解到，很多地方存在公共文化服务人才队伍缺失的情况，公共文化产品较少，甚至没有，公共文化服务基础设

乡村文化建设与农民社区认同研究 ——以贵州民族地区为例

施缺乏，或者陈旧落后。有近3%的被访问者不知道有公共文化服务人员，52.11%的被访问者认为公共文化服务者的态度不好、素质不高，只有很少一部分人认为公共文化服务者的专业技能扎实。在基层出现这样的情况会造成文化事业单位常常因为经费、编制等原因不能够组建起来，制约了特色文化的发展及特色人才的培养。

第五章

生态文化建设与农民社区认同的理论与实践

　　所谓生态文化，就是指人们在其生活区域形成的生活习惯、风俗、宗教信仰、生产方式等等文化体系，在很多民族地区，这种生态文化还在一代代地传承，这些文化当中积淀了无数先辈们长期累积的智慧结晶，是教授人们如何与自然共同生存、和谐相处的知识系统，是先辈们的经验传承。

　　在我们国家多元一体的民族格局中，少数民族是其中重要的组成部分，受他们所拥有的悠远历史、所处的生存环境，以及自身的发展特点等因素的影响，在其长期的发展过程中，少数民族群众自发构建了当前丰富多彩的少数民族文化，而在异彩纷呈的少数民族文化之中，少数民族与当地自然环境之间的互动，形成了较为独特的民族地区的生态文化。贵州是我国少数民族较多的省份，全省共有 17 个世居少数民族，这种明显的"大杂居、小聚居"的民族分布特点，使得贵州能够成为西南少数民族研究的主要阵地。胡锦涛同志在 2012 年的"7·23"讲话中特别强调生态文明建设的重要性，而生态文明在贵州这个多民族经济欠发达地区的建设和发展中就显得更加重要。

　　在贵州这样一个典型的民族地区，群山环绕、绿树成荫的地理环境既是地域内各民族赖以生存发展的自然基础，也是催生出许多淳朴和智慧的生态文化的客观条件。这种原始生态观念的现代化发展，与农村社区认同紧密地联系在一起。朴素的生态观念在生于斯、长于斯的少数民族群众的生活里表现在建筑、生产方式、娱乐活动、宗教信仰等多个方面，而这些方面又大都在少数民族基本生活的场域下形成了影响深远的共同的价值体系，这种共有价值体系形成了民族地区的农村社区认同。在这种社区认同的价值观驱使之下，对于一直以来承袭下来的少数民族生态观念，如何在目前的生态文化建设大潮中立足，如何满足当前可持续发展战略的要求，并且在生态文化建设的进程之中，贵州民族地区的生态文化如何体现并渗透和影响当地农村的社区认同，都将是学界需要重点探讨的问题。

为此，本章将从生态文化这一概念出发，围绕贵州民族地区生态文化现状，并透过社会学的视角总结出当地生态文化的特征，试图揭示生态文化建设与贵州民族地区农村社会认同之间的关系。

第一节　生态文明建设相关理论

一、生态文明与生态文化

在农业文明和工业文明相继发展的人类社会历史进程中，人与自然的关系问题始终都是其中难以逾越和回避的一个关键矛盾。社会的发展依赖于自然所提供的空间、物质资源，但是随着工业化和现代化的高速推进，自然的承载能力开始变得越来越弱，而人类对环境的索取和破坏却变得越来越一发不可收拾。利益与生存需求的双重动机，使得人类对自然的开发利用不能有效地节制，人与自然的关系愈加紧张起来。当前普遍出现的全球变暖、环境污染、资源锐减等现象，无不引发人们深深的反思。面对这样一个全球性的问题，生态学、经济学、社会学、政治学等相关学科都表现出了极大的学术关怀。其中，生态学从纯粹的生态视角审视这一问题，肇始于对人类生存环境的担忧；经济学则是将人的发展与对自然的合理利用所产生的经济效用作为生态经济研究的重要对象；社会学则更多地从广义的社会关系出发，将人与自然的关系纳入到社会运行和发展的进程中来，因此，对这一矛盾的解决就成为应用社会学的主要目标之一。

党的十七大报告中提出，要建设社会主义物质文明、精神文明、政治文明和生态文明。党的十八大报告又提出，在目前资源紧缺、环境污染严重以及生态破坏突出的境况下，我们必须要将自然环境放在首位，尊重自然、爱护自然，树立保护自然的责任标准，以经济建设为抓手、政治建设为导向、文化建设为平台、社会建设为宗旨全力构建生态文明建设，把我们国家建设得美丽、富强。这就从政治高度上确立了生态文化和生态文明的地位。生态文明的成长很大程度上与国家倡导的可持续发展和和谐社会的构建不可分割，这表明了国家在现代化建设道路上越来越注意遵循自然和社会发展的规律，在向着更好更快的目标迈进。

二、生态文化建设的重大意义

生态文明建设是十七大重点提出的四个文明建设目标之一，而在随后的十八大报告中，胡锦涛同志对"生态"的重视不仅体现在报告所提及的次数上面，而且还将报告中的观念纳入社会实践中去。其重要意义主要体现在几个方面：

首先，生态文化建设是发展观念的合理转变。生态文化正是由于人们在对经济发展过程中凸显的环境污染、资源浪费等问题的反思中形成的，过去人们无节制地向自然界索取，却忽视了对自然界的保护，形成了粗放式的"只开发、不保护"的发展观念，是一种机械的短视意识，而自然界有其生长周期，当人们无节制的索取超过自然界的生长周期时，一系列的生态问题接踵而来。随着人类生产力的不断发展，认识能力不断提升，人们对生态环境的要求也越来越高，对生态文化建设的发展观念有了更深层次的理解，不断丰富和补充了生态文化知识。在当前社会急速发展的进程中，生产力的飞速发展，物质水平的极大提高，人们从精神层面上对发展观念有了一个全新的转变和升华。与可持续发展观相契合，生态文化建设正是要树立一种人与自然和谐共荣的核心价值观。

其次，生态文化建设是发展生态循环经济的重要保障。以往经济发展模式的僵硬化只重视短期效益，而不为长远谋划，因此在生态文化逐步炒热的今天，发展新型生态循环经济成为一种必须优先发展的出路。"有学者提出了生态经济的说法，生态经济相对于传统的经济而言，是一种能够满足当下的发展和需求，而不影响下一代的发展和需求的经济模式，这是一种新兴的经济形态，是社会发展到今天的必然产物。"① 中国共产党的十六大报告指出，当前文化在综合国力当中的竞争力越来越明显，它与经济和政治同样重要，文化的力量是一个民族灵魂的体现，代表这一个民族的生命力、凝聚力和创造力。丹尼尔·帕特里克·莫伊尼汉就认为，对社会起着决定作用的不是政治而是文化。由此可知，文化作为一种精神力量，对于一个国家、一个民族的繁荣兴旺起到了决定性作用。一方面，要发展循环经济必须在生态文化建设的指导下进行，循环经济将沿着宽敞的大道不断前进；另一方面，大力提倡生态文化建设，人们会潜意识地转变旧观念，意识到生态对人类生存的举足轻重的作用，从而把大家凝聚在一起，齐心协力地推进循环经济的快速发展。国学大师钱穆曾说："一切问题，由文化问题产生。一切问题，由文化问题解决。"所以，生态环境问题的出现，需要相应的生态文化建设才能得以解决，生态文化建设是发展生态循环经济的重要保障。

最后，生态文化建设是可持续发展战略的制度表现。生态文化建设是将可持续发展观，以及可持续发展战略具体到实践当中的制度性表现，它的顺利进行，从制度上使得人与自然的关系遵循着一条合理、优化的道路不断发展，这种制度对人们的行为方式产生的束缚作用，可以有效降低当前生态环境破坏的风险，是可持续发展战略的重要实施步骤。丹尼尔·埃通加·曼格尔说："文化是制度之母。"文化是人们在社会实践中创造的一套价值体系、行为标准，而所创造的这套价值体系、行为标准要人尽皆知，被后代传承和接纳，就需要一个实实在在的载体来进行传扬，即为制度。而人们知道社会实践中所创造的价值体系、行为标准是久经历史实践检验的，具有合理性、科学

---

① 孙文辉：《论生态文化建设的伟大意义》，《今日中国论坛》，2006 年第 2 期。

性，可以对人们的行为道德规范起到约束作用，引导人们朝着正确的方向前进。关于生态文化建设的制度具体就体现为可持续发展战略，所谓的可持续，就是能够把事物的某种状态延续下去，具体到这里，就是能够把自然界的资源维护下去，不会使子孙后代无资源可用。它对人们无节制地向自然界索取资源、滥用资源起到约束作用，减少生态环境的被破坏程度。

第二节　贵州民族地区生态与生态文化概况

一、贵州民族地区生态概况及对生态文化的影响

贵州省是我国多民族省份的代表之一，全省有49个民族，世居少数民族有17个，少数民族人口1334万，居全国第三位；少数民族人口比例37.84%，全国居第五位。图5-1、图5-2分别为各省少数民族人口分布图和各省少数民族人口比例分布图。

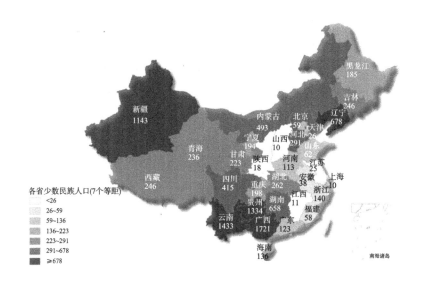

图5-1　各省少数民族人口分布图（根据2010年第六次人口普查数据绘制）

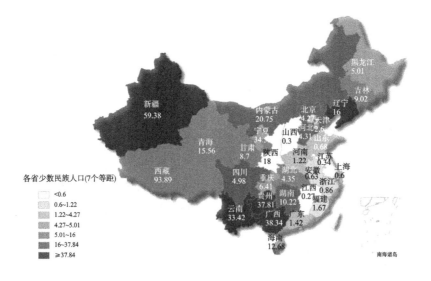

各省少数民族人口(7个等距)
□ <0.6
□ 0.6~1.22
□ 1.22~4.27
□ 4.27~5.01
□ 5.01~16
■ 16~37.84
■ ≥37.84

黑龙江 5.01
吉林 9.02
辽宁 16
新疆 59.38
内蒙古 20.75
北京 4.27
天津 2.6
宁夏 34.5
青海 15.56
甘肃 8.7
山西 0.3
河北 4.31
山东 0.68
陕西 18
河南 1.22
江苏 0.34
西藏 93.89
四川 4.98
重庆 6.41
湖北 4.35
安徽 0.63
上海 0.6
浙江 0.86
贵州 37.81
湖南 10.22
江西 0.27
福建 1.67
云南 33.42
广西 38.34
广东 1.42
海南 12.68
南海诸岛

图 5-2　各省少数民族人口比例分布图（根据 2010 年第六次人口普查数据绘制）

　　贵州的少数民族分类仅次于云南，居全国第二位，其人口占全省总人口的 37.9%，全省共计三个少数民族自治州、11 个少数民族自治县、245 个少数民族乡，民族地区的土地面积占到了全省的一半以上。与此同时，贵州所处的云贵高原又有着天然的原生态自然环境，贵州属于高原地带，地势西高东低，虽有高原、山地、盆地、丘陵等几种地形，但是主要以山地为主，植被丰厚，其亚热带特征明显，植被种类繁多。植物的类别以热带和亚热带植被为主，其他性质的植被也有不同程度的存在，贵州这一独特的喀斯特地貌区还具有较多的中国特有的物种。

　　由此可以看出，这种多样的民族成分，以及原生态的自然地理环境都为贵州民族地区生态文化的形成提供了人文与环境基础。

　　同时，贵州民族地区的生态文化主要基于两个方面生成，即人（民族）与自然环境。民族成分的多样，以及"大杂居、小聚居"的民族分布格局，使得生态文化在贵州民族地区亦呈现出各自不同的民族特点，各民族由于生活方式、文化思想等具有差异性，都创造了属于自己民族特有的生态文化；而生态环境的多样性，以及自然资源的丰富性，又使得贵州民族地区的生态文化所依托的环境基础十分牢固。在生态环境多样性和自然资源丰富性的自然条件下，人们的物质需求得以满足后，他们必将依据已有的多样性生态环境和丰富性资源，创造出与之相适应的生态文化，在此基础上，贵州当地的生态文化具体表现在与人们日常生活息息相关的建筑、饮食、节日等方面。下面是贵州民族地区典型的几大生态文化事项。

二、生态建筑文化

建筑是人类为了满足生产生活需要，依据自身居住的地理环境，结合自身的生产方式、风俗习惯、宗教信仰等进行修建的。人们在进行修建时，都会考虑到建筑是否能够满足人们的需求，这种需求主要体现在两方面，一是物质层面的需求，如房屋是否满足人们避寒取暖、遮风避雨的需要，这也是人类最初对建筑的要求；二是精神层面的需求，主要是满足人们的心理需要，如人在建筑环境中是否感到舒适、愉悦、轻松和快乐。由此可以看出，建筑是以为人服务为宗旨的，同时体现出人类创造能力的强大。"人是环境中的人，环境是人的环境，因此智慧建筑所提供的功能与建筑环境应以生活与生产的需求为目的。同时，人又是这一人工环境的主体与核心，智慧建筑应以人为本，为人服务，以为人创造舒适宜人的环境为目标。"[1] 在建筑方面，贵州民族地区根据自身多样的地形地貌特征，各少数民族结合本民族特点，修建了独具特色的建筑，彰显了少数民族群众的聪明智慧。

苗族特有的吊脚楼是贵州传统的建筑样式，其建筑材料只有木材，不使用钉子，其形状为阁楼样式，依山而建，十分壮观。

贵州历来就有"天无三日晴，地无三里平"的说法，且苗族一般居住在高寒山地，地形十分陡峭，人们开挖地基极不容易；而高寒地区一年四季阴雨多变，特别潮湿，如果用砖来砌房屋，湿气特别严重，不利于人们身体健康。于是苗族人民就采用当地盛产的木材建筑房屋，这种木楼的通风性能非常好，苗族人民把它称为"吊脚楼"。苗族的吊脚楼一般是四排三间为一幢，每幢楼房一般是三层，有的是四层。最底层

---

① 温晓岳主编：《智慧建筑》，清华大学出版社 2012 年版，第 22 页。

因为接地，湿气十分严重，不适宜人居住，所以，都用于堆放一些杂物、农具和关牲畜等；第二层是住人，因为第二层不高，极方便人们的进出，特别是一些老年人，由于年纪大，腿脚不便，如果住顶层他们不方便进出，而且二层光线、通风性能也特别好，最适合人们起居；顶层一般是用于存放物件、堆放谷物。而且人们还在木材上刻画各种花纹浮雕，如"龙飞""凤舞"和水牛角等，反映了苗族人们对美好生活的愿望和本民族的文化信仰。进入苗族地区，一排排的吊脚楼抱山而立，连绵起伏，相互交错，形成了一道雄壮美观的生态建筑文化景观。

布依族则主要是就地取材，使用岩石和石板作为建筑的主要材料，其建筑样式比起木质的吊脚楼就多了几分坚硬的感觉。贵州是典型的喀斯特地貌地区，其石灰岩、白云质灰岩非常丰富。石灰岩、白云质灰岩是经流水搬运沉积而成的，而布依族一般是选择依山傍水定居，所以居处附近的石灰岩、白云质灰岩极其丰富，且这种岩石岩层外露，硬度比较适中，岩石分层，非常容易开采，人们还可以将岩石切割成不同的形状。所以，布依族人民就地取材，用当地的石板砌筑墙体、盖房顶、铺地面等，他们甚至还用岩石做成各种器具，如石磨、石缸、石凳、石桌、石盆等等，可以说他们创造了一个特有的石头世界，充分显示了布依族人民的聪明才智。

在贵州多是干栏式建筑，只是外貌不同而已，例如，侗族的鼓楼、风雨桥等，苗族建筑的下层主要是用以养牲畜，而侗族的下层则是空的，有离地而居的居住习惯……这是侗族干栏建筑区别于苗族居住类型的重要特征。侗族有三大国宝，即鼓楼、风雨桥和大歌。侗族地区盛产杉树，于是侗族人民就采用杉木，并模仿杉树的形状建造鼓楼，建造鼓楼的主要梁柱，必须由侗寨中德高望重的老人选取，杉树必须是高大粗壮且匀称的古树。采用杠杆原理，不用一钉一铆，以杉木凿榫衔接，排枋纵横交错建构而成。关于侗族鼓楼的始建时间，已无从考证，据清代雍正年间的史料记载，说侗族"以巨木埋地作楼高数丈"，可见早在清朝年间，侗族的木制楼宇就已成熟了。贵州榕江、从江、黎平三县侗族地区的鼓楼，按其艺术造型，可分为巢式、干栏式、楼阁式、密檐式、门阙式、厅堂式等数种样式，其中，列为贵州省重点文物保护单位的从江增冲鼓楼使用了不同于中国传统的塔楼建筑模式，它主要以抬梁和井干式结构相结合，塔楼的檐口高出其楼层，呈现出一种冠冕的形状。在历史上，侗族若有大事需要商议或受外来入侵时，由寨老登楼击鼓，把村寨的人集中起来共同商议或抵御外敌。所以，无事是不可以随意登楼击鼓的。而进入现代，鼓楼已成为民间艺人传歌编侗戏、老人教唱歌曲、青年人唱歌的集中场地。每一姓氏都有自己家族的鼓楼，而一个侗寨可能由不同姓氏的人组成，所以，当进入某个侗寨，看到有几个鼓楼高高耸立在那里，十分雄伟壮观，是不足为奇的。

侗族的风雨桥，又称为花桥、回龙桥、廊桥、风水桥等。风雨桥是侗族的代表性建筑物，在侗族村寨中是作为标志存在的，几乎是一寨一处风雨桥，风雨桥外观形似楼阁又似亭台，造型相比一般桥来说要美得多。风雨桥从结构上来看可分为三块：桥墩、桥面和桥亭，风雨桥的桥墩是由青石垒砌的，十分坚固，桥面则是木制的，以悬臂托间柱支撑，桥亭部分也是木制的梁柱间穿插架构成的阁楼、亭台样式。①

风雨桥，顾名思义，就是既能帮助人们跨过溪河沟壑、到达对岸，又能为人们遮风挡雨。侗族主要聚居在丘陵山地地区，丘陵连绵起伏，溪河沟壑纵横交错，给人们的生产生活和交通造成了极大的阻碍。为了克服天然障碍，侗族人民就地取材，利用当地丰富的石材和木材，在溪河、沟壑的上方搭建起桥，方便人们的出行。随着社会的发展和认识能力的提高，侗族人民还在原有基础上修建了可以遮阳避雨的廊亭，人们可以坐在上面休息；除这种实用功能外，它还使整座桥梁的造型更加精美别致。另外，人们在塔亭内部还绘有天花彩画，在塔亭顶部绘有葫芦串、飞鸟、仙鹤等本民族的图腾物和崇拜物，使得这座桥既满足了人们的生活需要，又蕴藏着民族的特有文化，既有建筑学上的艺术之美，又有民族宗教信仰的文化底蕴。② 风雨桥的总体设计风格，被建筑学家称为"榫卯抵承梁柱体系之大观"。

凉亭是侗族人民为了行人休息而自发性地特意建造的，是用当地盛

---

① 择均·年浩曦：《侗族民间文化审美论》，广西人民出版社 1994 年版，第 138 页。

② 黄恩厚：《壮侗民族传统建筑研究》，广西人民出版社 2008 年版，第 108 页。

产的杉木修建的，山路从凉亭中穿堂而过，用四根柱子着地，构成三个空间，并在每一间的两侧安放长木板架起的坐凳，在正中的一根大脊梁上写上凉亭的建筑时间和捐款修建人的名字。

各民族都因地制宜，就地取材，充分利用资源优势，并融进民族文化特色，使得这些建筑别具风格。这几种建筑不仅在选材和外观上充满特色，其实用价值也值得称道。如干栏式建筑一般分为三层，底层储藏工具，中层住人，上层储粮。这样的建筑结构层次鲜明，不需要人们花费更多的力气和时间开挖地基，也节约了建筑的占地面积，经济实用。

苗族的吊脚楼、布依族石板房、侗族的鼓楼和风雨桥曾被誉为"民族文化的瑰宝""建筑艺术的精华"，多层次、多侧面地反映了苗族、布依族、侗族人们的社会生活文化和其惊人的创造能力与智慧。

从贵州少数民族的建筑模式来看，他们遵循客观规律、尊重自然，因地制宜来进行修建，与现在的开山辟土大相径庭。不管是苗族的吊脚楼还是侗族的鼓楼，他们都是依据当地的地势、地形来修建，这样不仅省去很多人工劳力，也省了许多建筑材料。采用离地建筑的方式有效地躲避了水土流失带来的灾害，并维护了生态平衡。

综上所述，贵州民族地区的生态建筑文化主要表现在民居的选材和结构设计上。无论是苗族的吊脚楼还是侗族的鼓楼、风雨桥等建筑，无不充分利用当地最为常见的木材作为建筑材料，根据环境的地势特点，选择建筑样式，例如干栏式建筑采用的架空式结构布局体现了当地人对自然环境的顺从和适应，这种因地制宜的建筑思想与建筑风格正是人与自然和谐共处的典范，是贵州生态建筑文化的典型特征。

三、生态饮食文化

地理环境决定论认为，人类饮食文化格局的形成与发展，是由他们所处的地理生态环境决定的，饮食文化差别就是适应这种环境的产物。贵州少数民族的饮食与其建筑文化一样，刻有深深的民族烙印，这种民族性特征同样是基于人与自然的相互关系而形成，从而构成现有的生态饮食文化。

贵州的布依族有很多传统食品饮料，其中，他们自家酿制的烧刺梨酒，味香醇正，清爽可口，可以称得上是布依族人家待客的美酒，这种酒使用刺梨果酿制而成。布依族居住的山上，大多都长着许多刺梨树，每年四月开花之后，九、十月刺梨果就已经成熟。勤劳的布依族人民，每逢这个时节都要到山上采回刺梨果，然后切开晒干，等到冬季腊月期间，就把这些干刺梨果除去籽，用清水浸泡两天，放进罐子里蒸熟，然后再将已经酿好的糯米酒和蒸熟过的刺梨放在一起泡。一个月后，把刺梨渣取出来，把余下的刺梨汁倒进大缸里，用石灰、泥沙把缸口盖好封闭。这些工序做完之后，用火把缸烧热，但是不能用大火，防止烧焦，为了掌控温度，只能用谷壳和锯木面来做燃料。经过七天七夜的烧烤之后，酒中的水分蒸发殆尽，剩下的就是清香的刺梨酒了。

从上述这个简单常见的布依族刺梨酒的例子来看，其中所包含的生态饮食文化不言而喻。刺梨树本是当地自然环境下的客观产物，布依族群众从长久的生活实践当中探索出利用其果实酿酒，满足了人们对饮料的需求。因而在这种需求的推动下，刺梨树和刺梨果就成了当地生物链中较为重要的一个环节，当地人不能随意将之破坏，因为它的数量、质量和生长情况都影响着村民们需求的满足。此外，由于烧刺梨酒对火候有很严格的要求，为了掌握火候，一般的木柴等燃料不能满足条件，布依族群众使用谷壳和锯木面来代替，于是看似无用的谷壳在这个时候起到了大作用。由此可知，人与自然之间的互惠关系在这个意义上讲就升华为贵州民族地区的生态饮食文化。

彝族大多居住高山地区，高山地区水田极少，主要以旱地为主，且土壤贫瘠，一年四季多雾，阳光照射时间短。在这样的自然环境下，彝族人民选择了适合此地区的农作物进行种植，以种植荞麦、玉米、马铃薯为主，并形成了自己独特的饮食文化。荞麦喜温喜湿润，耐贫瘠力极强，所以居住在高寒多雾山区的彝族选择种植荞麦作为自己的主食。荞酥是曾被朱元璋誉为"南方贵物"的彝族特色食品，是以苦荞粉面作为主要的原料，加入红糖、白糖、猪油等多种配料制作而成，其味道鲜甜、口感清爽。荞麦酥不仅可充饥，还对高血压和心血管疾病具有预防和治疗作用，又有清凉解热的保健功能。除此之外，人们还用荞麦作成荞粑粑、荞馒头、荞面条、荞蛋糕、荞米饭、糊羹等，形成彝族独具特色的饮食文化。

俗话常说："靠山吃山，靠水吃水。"地理环境对种植物的种植起到了决定作用，进而种植物又决定了人们的饮食习惯。所以，贵州特有的生态环境决定了人与自然之间相互依存的关系，构成了各民族、各地区别具一格的生态饮食文化。

四、生态习俗文化

生态民俗的产生与发展伴随着民族发展与繁衍的过程，在种族记忆的深处，至今仍能找到关于天地、万物与人类起源的神话传说，叙述着人与自然的文化记忆。少数民族的生活很大程度上都具有着相当数量特色鲜明的习俗，这些习俗久而久之成为一种不成文的习俗文化。这些习俗文化，又绝大部分都体现于少数民族的各种节日当中。

苗族有一种"古俗"，是苗族最隆重的祭祀古俗。外族人对这种古俗不大了解，也可能认为这是一种古老祭神的习俗而已。但实际上，与其说是祭神，倒不如说是向神挑战，检阅征服神的力量，歌颂民族英雄的节日。椎牛场，也就是祭祀场，必须选择在寨外宽敞的场地上，而且还要披红挂绿地装饰。在场地中央，竖立一根五彩的花柱，这根柱子高四丈五，用来吊捆"神牛"，进行椎刺。场地正面筑起一座高高的祭坛，祭坛上放一面大鼓，鼓的两边站着身穿艳丽服饰、头包彩帕的男女青年鼓手。他们剪五彩纸两条，把手垂在背后，在椎牛祭祀时，边唱歌边打花鼓。祭祀开始以后，头人先登上祭坛，击鼓发令。巫师则穿红披彩，手提祖师铜宝刀，身上佩戴黑牛角，施法祭拜天地神灵。"主人宾客，寨里百姓，男女老少，皆穿缀满银饰之盛装，围在祭场周围，互燃炮竹，以示贺意，并被其不祥。当头人第一次鸣响祭祀鼓令时，巫师摇刀吹角，画符焚香……'神牛'身旁只有一人，端水泼洗，随椎随泼，不让牛血淋于地上。当牛倒仆在地，头人向主人家门，全场击鼓鸣金，吹角掌号，燃篝烧柴，举火狂歌狂舞，以庆'牛鬼'被诛，大吉大利临门。"①

　　仔细看来，这种古俗其实并不是什么"祭神"活动，而是记载了远古时期苗族人与猛兽英勇搏斗的事迹。在这个习俗中，我们可以看到，苗族人与自然界其他动物之间在远古时期处于十分紧张的状态，人们为了生存，不得不与猛兽作残酷的斗争，在椎刺活牛的血腥场面中就能够深刻感受到这种残酷。以当代人的眼光来看，这种古俗的实践是难以理解和崇尚的。农业文明和工业文明的到来提高了人类对自然界其他动物的掌控能力，驯养和畜养已经是再普遍不过的现象了。然而，苗族的吃牛古俗之所以能流传下来，很大程度上是因为这种古俗的仪式所代表的精神内涵，即苗族人不怕艰险、勇于斗争和生存的精神。在这种精神的支配下，牛不再只是简单的生物体，而成为苗族人所假想的猛兽的象征符号。分析从猛兽到象征符号的变迁，牛这种生物对苗族人来说始终有一种难解的情缘。远古时期单纯的行为现如今已经成为一种精神层面上的生态文化，纵然这种生态文化有些残酷。

　　"三月三"是布依族传统的节日，有的地方又叫"地蚕会"。布依族为了保护庄稼，祈求五谷丰登，在每年农历三月初三这一天，人们炒苞谷花作为供品，成群结队地到附近山上祭祀"天神、地蚕"，希望得到天神保佑，不让地蚕咬死田地间的禾苗。祭祀完毕后，人们沿着田边土坎边走边唱，且把苞谷花撒向田地里。布依族人民认为，祭祀地蚕，既能迷糊它们，又能堵住它们的嘴，使禾苗免受灾害。我们可以看到，人们为了生存，不得不充分发挥自己的聪明智慧，与自然界展开斗争，他们的这种斗争精神被后辈人敬仰，后辈人为了纪念祖先的那种崇高精神，定期举行一定的祭祀仪式进行纪念，慢慢地就形成了一种精神层面的与自然界斗争的生态节日习俗文化。

五、生态生产文化

　　在了解了贵州少数民族地区的相关风俗之后，我们还发现了一类与

---

① 刘柯：《贵州少数民族风情》，云南人民出版社 1989 年版。

其有着密切关联的文化在贵州民族地区占据着重要的地位，那就是生产方式一类的生态文化——生态生产文化。

第一，侗族的鱼塘建构就是一种很生动的生态生产文化。

鱼塘作为一种生产工具或者资本，在侗族村寨中有着举足轻重的地位。侗族群众自发建构的这些鱼塘属于次生的生态系统，它们的存在获得了侗族群众的喜爱，黔东南苗族侗族自治州黎平县的黄岗村就是这种鱼塘文化的代表。黄岗村在历史上鱼塘水域面积一度达到了85%以上，而到目前为止村寨内的鱼塘总面积也还占据着整个村落面积的三分之一以上。当地的地理环境属于地表崎岖不平的特定地貌，因此形成这么大面积的鱼塘一定是当地居民有意建构的。究其原因，是因为通过鱼塘的建构，能够为村落带来巨大的功能：（1）对区域水循环的调控功能；（2）起到"防火带"的安全护卫功能；（3）带来丰厚的综合产出效益。①

第二，被誉为"千年梯田"的贵州黔东南苗族侗族自治州梯田群，同样是一种形象的生态生产文化。梯田是在山区常见的耕作田，这样既不用彻底将山移平，也可以在山上种植水稻这样的农作物。这种人为的山坡平地、阶梯农田是人类最伟大的改造方式。黔东南苗族侗族自治州地处云贵高原向湘桂丘陵盆地过渡地带，总体地势为西高东低，大多数为山地丘陵地区。长期以来，生活在黔东南地区的人们为了生存需要，不得不开荒种地，在山地上筑起层层梯田以种植水稻。根据不同的地理环境，人们筑起不同类型的梯田：腰带梯田、鱼鳞梯田和石砌梯田。在几千年的历史长河中，人们因地制宜，充分发挥自己的聪明智慧，在崇山峻岭中建起了层层稻作梯田，真正体现了"一方水土养育一方人"。稻作梯田的建构：（1）能够满足人们的生活需求，帮助人们维持生计；（2）能够防止水土流失，保护脆弱的生态环境；（3）层层稻作梯田，形成了一道奇伟壮观的风景线，吸引了不少游客的眼球，为人们带来了巨大的经济利益。

人类为了生存与发展而改造自然，获取生活资料，并保护自然，促

---

① 杨曾辉，李银艳，彭书佳：《论鱼塘建构对文化生态的支撑功能——基于对贵州黄岗侗族社区的思考》，《原生态民族文化学刊》，2012年第1期。

进人与自然和谐发展的能力被称为生态生产力。上例就是典型的生态生产力经济模式。从中可以看出，原始的自然环境并不一定原封不动地被人们利用，相反，人们在对自然环境进行开发利用的时候，一定有着自己的价值观念的考量。这种生态生产文化的建构，对于少数民族地区的发展，起着提供物质基础的积极作用。

第三节　生态文化建设与贵州民族地区农民社区认同的关系

一、生态文化建设视角下贵州民族地区农民社区认同概况

德国社会学家滕尼斯在 1887 年指出：社区是在规定的地域界限内，人们具有归属感和认同感的生活区域。"社区认同，是指社区居民之间在社区生活中，在情感上的交流沟通、生活上的互帮互助、发展上的共同促进基础上形成的对社区的依恋和归属"①。贵州因其特殊性，其社区认同因素的主体因素则是民族情感，这是源于贵州多民族省份的特点。上文所提到的经济利益、政治要求、文化习俗等方面的因素所形成的农民社区认同，在贵州民族地区的具体实际当中还应当增加一条民族感情的因素。由于贵州当地的村落所处环境大都为深山或高原地区，交通极不方便，这样复杂的地理环境严重影响到其与外地城市社区之间的往来，因而其民族特性保留较好。虽然当前民族融合的趋势使汉族文化和城市文化不断渗透到贵州民族地区的农村社区，但是少数民族在当地的历史发展已经积淀了丰富的民族感情和民族记忆，这一点在一时之间并不能彻底动摇和改变。

贵州民族地区农民社区认同依赖的主要场域是家族与民族。贵州民族地区的农村社区，除了较少的汉族社区外，少数民族农村社区大都是聚家族和聚民族而居。这一点在小农经济较为普遍的当地具有非凡的凝

---

①　何兰萍：《农村社区认同及相关问题的思考》，《人民论坛》，2011 年第 24 期。

聚力。原本生活在那里的人们就根植于当地的土地，靠农业为生，因而其生产和生活的领域大都被限制在了土地之上，依然保有费孝通先生所讲的乡土社会的特征。在此基础上，同一个家族的人们由于血缘联系而聚居在一起，同一个民族的人们又由于族缘联系聚居在一起，这样，从土地束缚开始，从家族层面到民族层面，就形成了一套完整的农民社区认同的基本场域，认同心理的生成基本上都是在此场域中得以实现的。

变动中的贵州民族地区农民社区认同。当前，现代化建设和新农村建设正在我国有条不紊地推进，不论是经济、政治还是文化层面的内外碰撞，都会对贵州民族地区农村社区产生深远的影响。随着人们逐步挣脱恶劣自然环境的束缚，怀着对更美好生活的向往，离开长久以来居住的农村到城市中去打工，这就是当地农民社区认同变迁的一个契机和缩影。这一点从生态文化的角度来看，和人与自然关系的变迁相同步和契合。

二、生态文化建设对贵州民族地区农民社区认同的影响

前文对贵州民族地区的生态文化和农民社区认同作了一个简要的概括和总结，其中，生态生产文化和生态生活文化是构成当地生态文化的组成部分，其中生态生活文化是由生态建筑、饮食习俗所构成。而在这两大部分当中，每一个部分既包含了物质层面的因素，也包含了精神层面的因素。当前，生态文化建设已经被提上了发展日程，重视对生态文化进行建设的同时，它对农民社区认同究竟产生了哪些影响呢？在贵州民族地区，生态文化建设对农民社区认同至少体现在以下几个方面的影响。

第一，生态生产文化建设引导农村社区生产模式的认同。正如上文中说到的鱼塘建构和稻作梯田的例子，生态生产文化很大程度上是基于人们的理性选择，从而对经济发展方式和方向进行引导的重要思想。根据对当地生态环境的了解与考察，选择最为适合的生产方式进行规模生产，同时注意对于生态环境资源的节约与循环利用，这一点既能保证当前效益的集群化，又能保证长远利益的连续化。这种对人类生存最根本

的生计问题的考量与指导，如果能够在建设过程中使其符合自然发展和社会发展规律，其产生的生态生产文化就能够在农村社区范围内形成一种理性和良性的生产价值理念，从而真正引导农村社区生产模式的认同，并得以最终落实到实践当中。

第二，生态建筑文化建设巩固农村社区居住格局的认同。从贵州少数民族地区的实际来看，当地生态建筑文化异彩纷呈，每个民族的建筑文化都与对当地生态系统的合理利用有一定关联。然而，在现代化和全球化背景下，越来越多的现代因素正在对传统建筑文化产生巨大的冲击，这一点既是历史的必然发展趋势，又不能任其发展下去，而丢失原本充满智慧的传统生态建筑文化。因此，在生态建筑文化建设过程中，保留原有建筑文化合理的部分，加以现代化的改造，在最大程度保有原来结构和布局的基础上，创新出新颖的现代生态建筑文化，形成一种新旧连续体的生态建筑文化，这在一定程度上可以改善农村社区对于居住格局的认同，吸引并巩固原本就聚族而居的居住特性，从而加强社区内成员之间的联系和凝聚力。

第三，生态饮食文化建设加强农村社区生活方式的认同。"民以食为天"这句话在中国，尤其是在贵州这个欠发达地区显得非常现实。贵州民族地区的生态饮食文化，在人们生活的最基础的领域之内，也起着最基础的作用。建设生态饮食文化，立足于当地的自然环境与资源，以及产业结构等因素，继承和发扬传统饮食文化中有利于生产生活的部分，才能令少数民族农村社区在生活方式上产生依托于传统饮食文化的现代认同。当前逆城市化的趋势依然存在，回归田园、享受自然对都市人具有得天独厚的吸引力，农村社区在饮食文化方面继续吸纳生态要素，并加以改良，既能起到加强对生活方式的认同作用，又能将这种生活方式通过饮食习惯带给社区外的人们，加强自我的身份认同。

第四，在少数民族的形成历史上，其身份认同标志着一个少数民族群体的成熟和壮大。在贵州这片土地上，少数民族的习俗多种多样，这些习俗都是少数民族群体长久以来共同生活而形成的共有的信仰和价值体系。而在共有的信仰和价值体系当中，少数民族与生俱来的对自然生态的依赖、与恶劣环境的抗争等，都明显地体现着生态的痕迹。因此，建设生态习俗文化，能够在一定程度上唤起少数民族的共同历史记忆，并在这种历史记忆明晰化的过程中，继续维系作为一个族群的身份认同，从而有利于少数民族自身的凝聚和发展。

三、农民社区认同对贵州民族地区生态文化建设的反作用

农民社区认同实际上是一种群体内部的价值观念、行为规范的一致化过程。它的程度高低和方面多寡，决定着一个社区凝聚力的大小和发育状态的好坏。农民社区认同往往是多方面、多层次的，它对生态文化建设具有相当的反作用。

首先，农民社区认同为生态文化建设得以顺利实施提供一致的方向。社区认同的关键在于人们的共识，即人们在社区生活中对自己的生活方式、行为规范、思想文化等方面达成一定的理解和共识。而一旦人们对一个事项达成普遍共识，那么其行动的动机、过程，以及结果都将是最大化的，因为大家的目标方向都是一致的，都不约而同地向着这个目标奔去。因此，生态文化建设的目标就应该是牢牢把握社区认同的核心关注点，从而使建设过程更加顺畅、便捷。

其次，农民社区认同直接推动生态文化建设的进行。一般而言，与社区认同最相关联的就是社区参与，这种参与的积极性最明显地表现在经济认同方面。"在任何一种形态的社会，利益都是任何个体和群体生存与发展的基础条件，同时也是各利益主体达成共识的基础。"[①] 维持生计是居民首要关心的问题，尤其是在经济全球化大潮中，传统社区认同维系纽带的作用日渐式微，经济利益逐渐成为人们维系关系的重要媒介。只有保证不同主体间的经济利益，才能促进他们之间的交流与互信，从而形成一种集体认同感和归属感。正如马克思所说："需求即人们的本性。"因此，如果生态文化建设可以使农村社区达成经济认同，那么就会吸引社区居民的参与，很快就会有社区参与的力量不断增长，从而直接推动生态文化建设的进行，社区参与是生态文化建设的直接推

---

① 李增元，袁方成：《农村社区认同：在管理体制变迁中实现重塑》，《中州学刊》，2012 年第 1 期。

动力。

最后，农民社区认同有利于提供生态文化建设的制度保障。社区认同很大一部分都不仅仅是口头的协议这样简单，乡规民约的形成也不会都是不成文的口头约定。在几千年的历史长河中，不同社区的人民在生产实践和生活经验的基础上对人们的日常生活等方面进行规范，并用文字将其记录下来，成为本社区约定俗成的社区制度。例如，侗族的侗款，就是典型的社区制度，侗款又分为大款和小款，是侗族人民在长期的历史过程中形成的一种制度，对侗族人民社会生产生活的各方面，尤其是对社会关系的调整和社会秩序的维护，都作了详尽的规定，成为侗族人民的行为规范准则，维系着人们的凝聚力和向心力。所以，只要达到社区认同，那么生态文化建设将很有可能在社区制度的保障下得以进行。这一点与当前人们的政治和道德素养逐渐提高有一定的关系。随着社会的发展，人们对自身政治和道德素养提出更高的要求，与之相应的就要求有合理的制度作为保障，具体到每一个社区，就是社区认同中的社区制度。

基于此，贵州民族地区的生态文化建设是建设生态文明的必由之路，在这条道路上，其与农民社区认同特别是少数民族社区的认同之间有着密切的联系。"生态文明以生态文化为基础，生态文化是生态文明建设的核心。"① 对于具有特殊的地形地貌和多民族的贵州来说，从生态生产文化、生态生活文化两方面着手，加强农村社区民族的凝聚力和向心力，努力达成和完善农民社区认同，对人与自然和谐相处、可持续发展战略目标的实现都有着重大的意义。

---

① 李松志：《基于生态文明的庐山—鄱阳湖生态文化建设探讨》，《生态经济》，2010 年第 5 期。

文化产业建设与农民社区认同的理论与实践

关于文化产业①的理论研究，国外起步较早，在不断深入地研究中形成了一些学派。随着文化产业的深入发展，各国也都逐渐重视起文化产业的发展，纷纷出台文化产业政策。国内起步则较晚，且存在实践超前于理论的问题。学界关于文化产业的研究始于 20 世纪 90 年代，经过二十多年的努力，文化产业领域的研究取得了丰硕的成果。

第一节　文化产业相关理论研究

一、国外文化产业研究现状

在文化产业研究方面，国外要比国内先行一步，早在 20 世纪 30 年代，法兰克福学派的研究者们，诸如阿多诺（Theodor W. Adorno）、霍克海默（Horkheimer）、本雅明（Walter Benjamin）等就开始了文化产业的研究，并且提出了"文化工业"的理论。他们对于文化产业所持的是反对态度，主要因为文化产业作为一种具有经营价值的标准化、模

---

① 文化产业，这一术语产生于 20 世纪初。最初出现在霍克海默和阿多诺合著的《启蒙辩证法》一书之中。它的英语名称为 Culture Industry，可以译为"文化工业"，也可以译为"文化产业"。

式化的生产，其主要的功用在于满足人们的娱乐性，丧失了其原有的价值。在这个观点上，霍克海默就提出，文化工业是为了一定目的大批量生产的产品，不再是艺术品而是作为商品存在了。文化工业是科学技术迅速发展的结果，正是这样的科技使得大众对文化的占有性增强，但是同时也是因为科技，文化产品变得单一化、模式化，文化的多样性在文化产品的身上得不到展现，人们对于文化产品的选择变得狭小，不得不去接受这些被叫作文化产品的商品。① 文化产业受到商业的操控，成为占用人们剩余时间、控制人们思想自由的产品。文化产业使得文化产品与公共文化事业之间形成了不平等的格局，虽然法兰克福学派的观点较为偏激，但是他们所提出的文化产业被资本操控的观点应当受到我们的重视。

文化产业这一概念取代文化工业是在 20 世纪 70 年代之后，在当时对文化产业的研究存在着两条主线，一条认为文化产业不存在高雅和低俗之分，文化产业的产品能够被公众接受，由此在法兰克福学派的基础上衍生出了伯明翰学派。另一条认为，任何人都有权利选择他喜欢的文化产品，文化没有高低之分，只有品位的不同，于是提出了品位文化的概念。更有人认为，文化产业通过资本的创收促进文化的生产，推动文化产业的发展，这是一种对文化有益的发展形势。②

费雷德里克·杰姆逊（Prediric Jameson）坚持精英文化的概念，认为大众文化具有庸俗化和单一化的特点，大众文化导致了文化外在和内在差异的消失，导致了文化现象和本质差异的消失，导致了文化单一性和多样性的消失，导致了文化无意识和显意识差异的消失。大众文化最终会导致文化全球化，这种现象将反过来刺激地域文化的消解。③

除了学界的研究，由于文化产品的需求相对于物质产品和物质需求而言，市场更新变化速度较快，具有很大的经济价值，"文化"的意义已经超出它所涵盖的范围，逐渐演化成一种非物质形态经济的生产力，

---

① 刘放桐：《新编现代西方哲学》，人民出版社 2000 年版。
② 张胜冰，徐向昱，马树华：《世界文化产业概要》，云南大学出版社 2006 年版。
③ 张胜冰，徐向昱，马树华：《世界文化产业概要》，云南大学出版社 2006 年版。

这样一种方式已经成为生产力结构，以及国家核心竞争力中的构建元素。由此可知，非物质文化产业已经成为我国的一种新的经济模式，一种以知识、文化、信息等等非物质的东西作为资本进行经济交易和资本增值的经济形态。

所以，各国政府开始把目光转向文化产业，他们希望文化产业能够成为支撑国家经济发展的重点产业。"文化产业在 21 世纪被认为是与信息产业相并列的新兴产业之一，已经成为国家经济增长的重要支撑点。"[①] 英国在 1997 年就成立了文化创意小组，鼓励文化产业的发展，他们的文化产业强调的是个人的创造性，所以英国的文化产业行业大多都是提倡个人性的行业，诸如建筑设计、广告设计等，虽然这种产业在其他国家是作为文化产业的边缘性产业存在，但是在英国确实是作为重要领域而存在的。

美国是大家都认同的文化产业强国，它是一个商业氛围非常浓厚的国家，各企业为了追求利益的最大化，所创造的文化产品都会迎合受众的审美心理，具有极强的娱乐性和媚俗性。"好莱坞"和"迪士尼"是其最著名的文化产业，好莱坞原本是指美国加利福尼亚州洛杉矶市的一个郊区，因其是拍摄电影的天然场所，后来"好莱坞"一词直接用于指美国加州南部的电影工业。多年来，好莱坞始终坚持以为观众生产最大的快乐而获取最大限度的利润为目的，正如卡尔·弥尔肯所说："'好莱坞'这个词语让人们不乏想象，它带给人们的是那些光幻琉璃的快乐，因为它的产品就附生于其电影中，这是它的首要的利益。"贾克·瓦伦堤也说："电影是艺术与商业的结合。"在全球最大的媒体娱乐公司中，迪士尼是其中之一，公司以迎合受众的娱乐节目制作、主题乐园、动画等为主要业务。由此可知，美国的文化产品都是以获取观众的欢心来追求利益为目的的。但"文化产业"这一词语的概念在美国是没有一个统一的定论的，美国政府对于文化产业采取的是任其发展的态势，很少插手具体的发展规划。

---

① 张胜冰，徐向昱，马树华：《世界文化产业概要》，云南大学出版社 2006 年版，第 1 页。

在亚洲，日本是文化产业界最为发达的国家，特别是进入新世纪以来，文化产业已成为带动日本经济发展的主要龙头。在日本，关于文化产业他们更多的是要求独创力，因为只有独创力才能保持文化产业发展蓬勃的现状，所以日本是电影和音乐创收占比最高的国家之一。日本对文化产业的定义就是娱乐业，具体来说包括到舞台剧、艺术表演、各类展览业、新闻出版业、文化讲座、观光旅游业、网络电视业、体育健身业等等。

为了激励文化产业的发展，日本政府还设定了"文化节"和艺术院奖，将每年的11月3日定为"文化节"，奖励对文化作出卓越贡献的人，日本称之为"文化功劳者"；除此之外，日本政府还为在文学、美术、音乐、电影、舞蹈等领域有创新和突出贡献的人设置艺术院奖，以资鼓励从而推动文化产业的发展。

在欧洲，法国的官方部门在文件当中使用了"文化产业"这一词语，不过他们对于"文化产业"一词的定义并没有明确的界定，因为法国政府更多是希望能够通过文化产业为他们的民族文化寻求生存的空间，为法国的传统文化开辟发展道路，而不是拓宽文化产业的领域和范围，以及将文化打造成为能够支柱国家经济的一个手段。因此，法国本土的文化产业并没有进行领域的拓宽，还是以传统文化为主，主要还是基础文化方面，例如：新闻出版业、旅游业、电视电影业等较为狭窄的几个方面，而那些文化产业的非主体产业不在政府所界定的范围之内。

通过对国外文化产业发展的梳理，我们可以清楚地了解到几点：一是各国文化产业因其国情不同具有特殊性，各国出于自身情况和未来发展的考虑，对文化产业的发展采用不同视角，所以在具体措施乃至文化产业概念的界定上，还存在着不同的见解；二是中国文化产业发展没有进入国外研究的视野。为此，我们可以说国外对于中国文化产业的发展现状是不了解的，其文化产业的相关理论都是建立在自己国情的实际情况之上。因而，我们在对我国文化产业进行研究时，应借鉴国外先进的文化产业理论，汲取其精华，用以指导我国文化产业的发展，但我们对国外文化产业理论与实践的借鉴必须立足于我国具体国情，只有如此才能找到破题之策，一味地照搬照抄国外文化产业理论与实践在中国是行不通的。

二、国内文化产业研究现状

国内文化产业的研究相对来说较晚，常常都是行动在前理论在后，深圳在 20 世纪 80 年代就开始建立民俗村、锦绣中华等主题公园，开始了文化产业的初尝试；上海也借着东方明珠塔和上海大剧院尝试着市场化的运作。真正意义上将"文化产业"一词正式提出的是在 90 年代，文化部领导在《中国文化报》上发表的讲话，在讲话中首次提出了要"在改革中发展文化产业"。而党的代表大会第一次提到"文化产业"一词，是在 2002 年党的十六大报告中，在报告中明确指出："文化产业的发展是我国文化事业发展、满足人民群众精神文化需求的重要途径。"由此，发展文化产业开始进入国家发展决策。在我国，最早开始在全省范围内进行文化产业运作的是云南省，云南省是一个多民族省份，在 1996 年就提出了要建设民族文化大省的口号，并把发展民族文化产业提上了议事日程。

我国对于文化产业的研究开始于 20 世纪 90 年代，经过了多年的努力钻研，在文化产业的研究方面取得了一定的成果。

第一，关于文化产业的内容的研究。赵晶媛在其书①中以文化产业管理的理论和实践为依托，介绍了文化产业管理的相关知识体系，具体论述了文化产业中的管理方法和策略，并认为文化产业主要包括广告业、图书出版业、网络业、新闻媒体业、表演业等。孙连才认为文化产业是 21 世纪的新兴产业②，它能够带动经济的发展，蕴藏着巨大的增值空间和利润空间，文化是一个国家软实力的体现，所以文化的竞争将会成为国家之间最根本和最关键的竞争。

第二，文化产业的发展路径研究。谢晶仁等在其著作③中提到，文化作为一个产业的概念是在 20 世纪被提出的，由此可见，文化与文化

---

① 赵晶媛：《文化产业与管理》，清华大学出版社 2010 年版。
② 孙连才：《文化产业教程》，中国传媒大学出版社 2012 年版。
③ 谢晶仁，余洋：《中国文化产业发展问题研究》，世界图书出版公司 2013 年版。

市场进程的步调是一致的，文化作为一种营利性商品进入市场是一种历史的必然，同时也是一种进步。有人认为文化作为商品进入市场之后其价值发生了转变，其实不然，文化的本质不会发生改变，致使其发生改变的是导向问题，所以，文化进入市场要与市场、消费群体等有一个相协调的调控机制，这样才能保证文化本质的稳定性。所以，大力发展文化产业有其必要性和迫切性。在这一点上，王克岭就结合实际，将云南省的丽江和大理作为调研基地，通过深入调研、比较研究、案例分析将文化产业的发展路径与实践经验相结合，来探讨西部民族地区如何更好地进行业务管理，如何更好地构建竞争优势。[①]

第三，文化产业发展模式的研究。刘小新等在其《闽台文化产业合作》中提出，可以在海峡两岸经济区的发展背景下，充分利用海峡文化的独特优势，用文化促经济的方式把文化产业快速发展起来。"五缘""六求"的思想理念为福建省文化产业的发展提供了思路，刘小新在书中对比了闽台文化产业的优劣势，对其互补性作出了深入分析，这将对闽台文化产业的发展起到了极大的促进作用，同时也能打开更大的空间。[②] 陈少峰则认为，要做文化产业就必须要分清楚什么是文化产业、什么是文化事业，必须要遵循市场主导，探索适合做产业的项目，避免政府对文化产业健康发展进行干扰和涉足。

第四，文化产业实证研究。在这方面的研究主要是北京大学文化产业研究院于2000年开始的《中国文化产业发展报告》，报告通过以文化产业领域中的小型企业为研究对象，着重考察这些充满创新精神和开拓进取精神的企业家们的行为。

第五，文化产业的理论研究。熊澄宇在其《世界文化产业研究》一书中认为，信息、传媒和文化之所以成为人们广泛关注的重点，主要是因为它们拥有人类社会发展所必须的资源，由广及窄，从世界文化产业到非营利性医疗机构组织的文化产业，从各个国家，诸如韩国、日

---

① 王克岭：《微观视角的西部地区少数民族文化产业可持续发展研究》，光明日报出版社2011年版。

② 刘小新，魏然：《闽台文化产业合作》，江苏大学出版社2012年版。

本、美国、英国等国的文化产业发现状、特点到未来发展趋势都进行了研究。①

二十多年丰富的研究成果为我们提供了许多材料，但是通过梳理我们发现，我国的文化产业研究的成果还存在几个方面的不足之处：首先，是研究主体过于狭窄，文化部在2009年对文化产业类别进行了细致的划分后，如何更好地区分文化事业和文化产业成为一个重要的研究议题。其次，是大多数的研究停留于实证研究，对于文化产业的研究只是进行描述性的研究，没有更为深入的学理性的研究。最后，是研究范围的固定性，对于我国文化产业的研究大多集中在中东部地区，缺少对西部民族地区文化产业的研究，是我国文化产业整体性研究的缺失，在性质上缺乏了比较分析的视野。

三、文化产业的特征

作为一种新兴产业，其特征至少有六种。

第一，文化产业是朝阳产业，是新兴产业，具有收益递增的性质。文化产业作为一种精神文化的必需品，其创新性是其发展的灵魂，同时也是提升文化产业市场竞争力的关键性因素。（1）文化产业所生产的文化产品在其生产到消费的一系列过程就是文化的一种创新过程，文化产业的创新实质上就是文化的创新。（2）文化产业的灵魂是核心文化，只有将核心文化传递出来才能保证文化产品的价值，而这些是传统的媒介不能做到的，于是文化产业必须要与现代科技手段链接起来，进行推广和运用，这就是技术上的创新。（3）作为一种商品必然有其价值和使用价值，文化产品也不例外。文化产品的价值在于其本身，使用价值在于消费者的精神需求，但是文化产品价值的实现没有办法通过传统的形式获取，所以文化产品的商业模式必须进行重新构建。

第二，文化产业其前期投入大，后期维护成本低。文化在产业化的过程当中，最为重要的就是思考其文化的核心要素，这就要求大量的人

---

① 熊澄宇：《世界文化产业研究》，清华大学出版社2012年版。

力和物力去挖掘文化的核心内容，使其在某些方面与当下潮流文化有机结合，成为人们所能接受的主流文化，用以吸引消费者的眼球。文化产品的生产初期是文化产业发展的前提和基础，对文化产业的发展起着至关重要的作用，假若前期所生产的文化产品无法吸引消费者的眼球，那么整个文化产业链就会无立足之地，文化产业的发展也将寸步难行。在产品宣传方面投入很大，作为满足人们精神文化需要的产品，除需要创造符合消费者精神需求的产品外，文化产品的宣传至关重要，离开大力的宣传，只靠消费者之间口耳相传，必将影响整个产业的发展进度。所以，企业必须通过各种新闻媒体之手，通过不同的方式、方法让文化产品能够做到人人皆知，于是在宣传文化产品方面的投入是十分巨大的。

第三，文化产品的渗透性越强，其价值就越大。文化产品并不是一种有形的资产，它并不像具体实物一样，越稀有越珍贵，它所附有的是信息、知识和文化等无形的资产，文化产品所体现的是具有象征性意义的东西，它与传统的产品不一样，文化产品的价值在于它的渗透性，其渗透性越强，价值就越大。例如：侗族大歌、好莱坞电影、西江千户苗寨等等文化产品，都是将文化融入到节目表演、融入到生活中，做到人人都知、人人都晓的效果，其渗透性极强，这就是文化产品应该要达到的效果，也是文化作为产品应当具有的价值。

第四，文化产品的价值和消费确定性不高。文化产品与传统的产品不一样，其价值不能简单地由马克思所说的简单劳动和复杂劳动换算得出，文化产品因其特殊性，其必然是一种复杂劳动，但是它的价值却不能通过量化得出，文化产品的价值在很大程度上取决于国家的调控，在当前的和平时期，人们对于精神文明的需求是文化产业发展的决定性因素，无疑受到广泛的关注。但是在战乱年代，人们在物质生活匮乏的情况下，文化产业必然要隐退，同时在自然灾害的情况下，文化产业的发展也要让步于这些因素，因为这些不可预知的灾难必将给人民财产造成巨大的损害，人民物质需求受到严重阻碍，而文化产品作为精神层面的产物，只有人们在物质需求得以满足的前提下，才可能追求精神产品的消费。

第五，文化产业的外部性强。文中已经论述过，文化产业作为一种新兴的产业是国民经济的支撑产业，作为一种特殊形态的产业，它一方面不仅能起到促进经济发展的作用；另一方面还能对社会和谐与有序发展起到维护和稳定作用。文化产品是根据大众的精神需求而创造的产品，必将促进人们的消费，并拉动经济的不断增长，所以，文化产业已成为各国国民经济发展的支柱产业。而且文化产品作为一种无形的上层建筑文化产品，是核心价值观与娱乐的结合体，企业在创造文化产品时，首先，必须考虑主流意识形态价值观，创造的产品必须是积极向上的，对社会的和谐、稳定、科学、有序起到一定的积极作用，才能得到政府和群众的积极响应。其次，再考虑文化产品的娱乐性，以获得广阔的消费市场。文化产品对消费者具有一定的精神导向作用，消费者在获得精神满足时，也必将受到文化产品中的核心价值的熏陶，从而潜意识去维护社会的和谐与稳定。另外，文化产业的发展和壮大无疑是对文化的一种传承和保护。"文化"是文化产业的灵魂，而"产业"是必须经过创造，为人们提供精神产品的过程。"文化遗产、文化传统，以及文化的传承本身并不是文化产品，只有通过人们的创造性的想象，把这些东西进行创意之后，才能够成为文化产品。"① 文化是文化产业创造的前提和基础，离开文化，文化产业将失去原有的根，无法生长壮大。反之，文化产业的发展壮大，将对文化起到保护和传承的作用。如，贵州丰富的节日文化，是各民族几千年来历史文化的积淀，尤其是一些祭祀性的节日，体现了先民对自然界的认识观，但随着现在许多年轻人外出打工，这些节日中的文化将面临消失的危险。所以，人们将许多原有节日产业化，在吸引广大游客获得巨大经济效益的同时，也是对这种节日中所承载的文化的保护和传承。

第六，文化产业具有范围经济性。所谓文化产业的范围经济性，指的是多个企业联合起来生产很多个品种的产品，比企业之间各自生产产品要节约成本。"充分发挥文化产业的经济范围性，积极拓宽和延伸文

---

① 林日葵：《论文化传承与文化产业》，《中国文化产业评论》，2011 年第 1 期。

化产业链是实现经济价值程度的决定性因素。"① 相同的创意如果能够以书籍、玩具，以及媒体的介入依靠多元化的产业链不断提升其经济价值，文化产品的早期投入就能够得到分摊，文化产品的经济价值就得到了极限发挥。

第二节　贵州民族地区文化产业建设对农民社区认同的积极影响

一、贵州民族地区发展文化产业的特殊意义

贵州是一个多民族的省份，由于历史原因，贵州人们的居住呈现出以血缘和家庭为组织的群居现象，各民族在几千年的历史长河中都创造了丰富多彩的、具有自己民族特色或地域特色的文化。随着经济的快速发展和西部大开发的深入，外来人口的进入、外来文化的入侵及本地区年轻人外出务工，对具有民族特色和地域特色的文化产生了强烈的冲击，使得一些独具特色的文化濒临消失；伴随民族文化和地域文化的消失，人们的社区认同感也不断减弱。基于文化的逐步消失和社区认同的不断减弱，发展贵州文化产业，已成为一项迫在眉睫的任务。通过发展文化产业，传承和保护传统文化，增强社区认同，对于贵州民族地区来说具有特殊的意义。下面将以位于贵州省黔东南苗族侗族自治州的剑河县为例，论述文化产业之于贵州民族地区的意义和价值。

第一，剑河县位于贵州省黔东南苗族侗族自治州中部地区，主要聚居着苗族和侗族，全县总面积为 2176 平方公里，人口达到了 20 万人之多。剑河县的各类资源呈现出"四多"现象，一是森林多，森林的总面积达到了 72%，曾被全国绿化委员会评为全国"造林绿化百佳县"，是贵州省 10 个重点林业县之一。

① 中共宁波市委宣传部编：《调查与思考：宁波市宣传系统调研报告文集（2008 年度）》，2009 年版，第 279—280 页。

第二，民族文化元素多。剑河县居民主要以苗族、侗族为主，在近一千年的历史中，苗族、侗族两族在这里长期发展，创造了丰富多彩的民族文化，例如苗族锡绣、革东苗族水鼓舞、芦笙舞等。锡绣是目前世界上仅存的一个特殊的刺绣种类，它在原材料、工艺、文化象征符号上都是与众不同的，锡绣隐藏着独特而神秘的文化，吸引了众多国内外学者的关注，他们纷纷前往剑河进行实地考察，以求解开锡绣文化的神秘面纱；水鼓舞是剑河县革东镇大稿午村特有的一种传统舞蹈，是群众在水中跳的集"水、鼓、舞"于一体的舞蹈，苗族人民以此来祭祀祖先，希望获得祖先的保佑，祈求五谷丰登、村寨平安，舞蹈由祭祀、起鼓、踩鼓、狂欢四部分构成；剑河芦笙舞复杂多样，有巫交芦笙舞、温泉芦笙舞、翁王芦笙舞等，其中巫交芦笙舞最具独特性，以特别的舞步和舞姿映射了祖先的迁徙过程，共有11种动作，反映了迁徙时的真实经历。

第三，旅游资源多。在剑河，有温泉、阔叶林景区、八郎古生物化石群、仰阿莎湖景区等湖光山色、水天一色的旅游胜地。百里阔叶林横跨了太拥、久仰、南哨三个乡镇，景区有国家一、二、三级珍稀保护树种四十多种，重点保护动物五十多种，是我国屈指可数、保存完整的亚热带原始阔叶林区之一；剑河温泉为含微量放射性元素氡的温泉，有消毒、去疾、健身之功效，经常沐浴可以预防和治疗很多疾病，具有"冬浴之则身暖而寒退，夏浴之则体轻而凉生，夜浴之则睡眠安稳，疲浴之则精神复振"的功效；八郎古生物化石群位于革东镇八郎村，目前已探明的古生物化石有11类168属300多种，其种类、数量、化石的质量在中国甚至世界都是少见的；仰阿莎湖景区属于山区淡水湖泊，湖区景观丰富多样，在那里，既可观赏自然风光、人文景色，又可以体验独特的民族风情、水上游乐。

第四，上级政策多。剑河县虽然拥有许多丰富的自然资源和文化资源，但由于地处偏远，交通不便，没有充分发挥资源优势，所以经济发展十分缓慢，人民生活比较贫困。基于此，政府为了帮助人民摆脱贫困，推动剑河县经济快速发展，出台了相关政策，对剑河县进行开发和扶持，如，将剑河作为"西部地区生态工程试点县""全国社会扶贫创新协作试点县""国家农业综合开发县"等，从不同领域支持和引导剑河县发展，帮助人们脱贫摘帽。

剑河是少数民族聚居地，不仅拥有悠久的历史，还蕴藏着深厚的文化，是国家重点关注的地区。剑河发展文化产业，不仅有利于发掘自身民族文化资源，促进文化的传承与保护，还能促进当地的经济建设和社会的和谐与稳定，是剑河县实行民族民间文化传承与保护的新路径。

1. 剑河发展文化产业是可持续发展的必然要求

目前，国家主张走可持续发展道路，追求低碳、环保，而文化产业正最能体现出人与自然的和谐相处，是最为环保的一项新型产业。文化产业是对环境完全没有污染的产业，并且是人们精神需求、渗透性极强的精神文化产品。从剑河县的情况来看，要走高耗能、高资源的路是不可行的，只有走低污染、低耗能的发展之路。剑河县政府目前要将剑河打造成"旅游城市""温泉城市""森林城市""民族文化特色城市"，从这几个发展方向来看，剑河的发展必然要走低污染、低耗能的发展之路，这证明剑河的发展与文化产业的发展就有着十分紧密的关系，也就意味着剑河的文化产业发展得好，剑河的可持续发展道路就走得好。

2. 剑河发展文化产业是综合实力竞争的必然保障

文化是一个国家软实力的体现，是综合国力的竞争关键，我国作为一个文明古国，拥有悠久而又丰富多彩的文化，剑河作为我国西南少数民族地区的代表之一，自然拥有得天独厚的民族文化资源，例如：苗族神话叙事歌《仰阿莎》、锡绣制作工艺、嘎百福、苗族剪纸等等。虽然拥有这些独有的资源，但是却没有将它们发展成为剑河县经济发展的项目。剑河是欠开发、欠发达地区，长期戴着国家贫困县的帽子，怎样让剑河县实现经济的跨越、文化的发展、生态的和谐是目前剑河县急需解决的问题。剑河要脱贫摘帽，最快速、最有效的方案便是不断发展文化产业，使文化产业在本地区成为经济的主导力量。

3. 剑河发展文化产业是优化产业结构的必然选择

《剑河县第十二个国民经济和社会发展纲要》指出，到2015年，剑河县的年均生产总值要确保在27亿元，相对于2010年翻一番以上。产业结构从"一、二、三"的模式改变为"三、二、一"的模式，纲要体现出剑河政府对于产业结构调整的决心，势必把产业结构优化、升级的信心，同时也展现了剑河县政府决心发展第三产业的发展思路——在发展第三产业的同时，稳固发展农业生产、实现工业的快速发展。文化产业实际上作为现代服务型产业对第三产业的发展具有促进作用，由于科学技术手段的进步，催生出一系列新的文化产业链，诸如网络服务、手机 APP 业务等，这些服务都是无法单独生存的，必须与别的行业联系起来才能体现它的价值。文化产业拥有极强的渗透性，剑河县如果能够全力、大力发展好文化产业，势必能够在贵州甚至是全国打响文化品牌，树立文化产业领头的标杆，这将会推动剑河县的休闲业、旅游业、网络服务业、交通业、饮食业等等一系列相关行业的迅猛发展。可以说，只要剑河县肯抓文化产业、善抓文化产业、大力抓文化产业，那么它就真正抓住产业结构优化的突破口，就能够充分利用外部资源和内部力量实现剑河县的产业结构的转型。

4. 剑河发展文化产业是提高就业改善民生的有效途径

《剑河县第十二个国民经济和社会发展纲要》指出，中小型企业应该成为当地的主力军，剑河县鼓励和培育出一批中小型企业、非公有制企业，将会对剑河县的非公有制经济起到极强的促进作用，成为以创业带动就业的发展模式。文化产业与传统产业大相径庭，其投入的是创意、智力和文化，产出的是核心文化产品和知识产权。可见文化产业的发展不需要涉及多么庞大的自然资源，需要的只是相当的资金投入和知识投入，这就要求文化产业的发展必须要有人才提供创意、智慧、点子；文化产业的发展不需要牺牲自然资源为代价，不需要庞大的资金为后盾，要的只是一个相对完整的办公环境和优秀的创意人才。可以说，创新是一个民族进步的灵魂，也是文化产业发展壮大的不竭动力；所说的不需要庞大的资金链指的是只要有好的创意、好的想法，以其作为文化产业的资本就可以吸引很多的投资者进行投资；不需要牺牲自然资源为代价指的是文化产业是一种以智慧、创意为生产要素的产业，是不需要以自然资源作为原材料的，它的生产过程只需要依靠脑力；不需要庞大的高层次人才指的是，文化产业的生产模式和生产体系比较完备，对人才的需求呈现的是金字塔式的需求，对于高层次人才的需求数量并不庞大，在这样一个产业链中，能够提供较多的机会给中层次学历的人，同时对高层次文化人才的吸引力也是十分巨大的。在剑河县发展文化产业，不仅能够吸引高层次、高素质、高水平的人才加入，同时也能够吸收大量的中等层次文化人才，保证本科生的就业问题，更能够解决当地人民的就业问题。总体来说，作为一个渗透性极强的产业，其产业链条越长，越能够带动当地经济的发展，也越能带动其他产业的发展，同时也能反过来促进文化产业的渗透性，为更多人提供就业机会。

乡村文化建设与农民社区认同研究
——以贵州民族地区为例

二、发展贵州民族文化产业有利于贵州"走出去"

贵州地处我国西南部内陆地区，是我国最贫困落后的省份之一，地理位置十分偏远，地形以山地和丘陵为主，具有典型的喀斯特地貌特征，境内山脉众多，重峦叠峰，高崖深谷，沟壑纵横。由于交通闭塞，贵州长期处于封闭状态，难以与外界进行交流，有"云山阻隔行路难，望断天涯空嗟叹"的无奈。加之贵州自古就是多民族居住的地方，各民族为了争夺政权和自然资源，战争纠纷连续不断。另外，由于教育落后，人们思想观念极度保守，自给自足的经济长期居于主导地位，同时因为受到恶劣的自然环境、历史、社会等因素的影响，致使贵州一直处于贫困状态，"天无三日晴，地无三尺平，人无三分银"是贵州的真实概貌。也正因为经济落后，贵州曾被历代王朝视为"羁縻"的偏远地区，历史上曾用"夜郎自大""黔驴技穷"等词形容贵州，外省人对贵州更是知之甚少，有一些人甚至连贵州的省会也不知晓。

任何事物都具有两面性，这是马克思主义哲学的著名论断。贵州虽然地处偏远，民族众多，长期处于封闭状态，民族间纠纷不断；但各民族在生产实践中都创造了自己独具特色的文化，也正是因为这种现实，使得贵州拥有丰富的生态资源和民族文化资源。在经济全球化和科技快速发展的今天，充分利用贵州丰富的生态资源和民族文化资源，发展贵州民族地区的文化产业，是让世人重新认识贵州、改变对贵州陈旧印象的重要途径，是带领贵州"走出去"的关键战略。

长时间以来，国内外学者一致认为我国没有面具文化。但一次展览推翻了这个论断，1987年，由贵州主办的、以德江傩面具为主体的"贵州民族民间傩戏面具展览"在北京中国美术馆展出，引起了学界的轰动。被尊称为"戏剧大师"的曹禺观看后，不禁绝口称赞，发出了"中国戏剧史应当重新改写"的感叹。一批研究国内外傩戏的专家如曲六乙等形成一致看法，认为"世界傩戏在中国，中国傩戏在贵州，贵州傩戏在德江"。此次傩戏面具的展览，不仅改变了世人对中国面具文化的看法，也改变了世人对贵州的印象，国内外学者不顾路途艰险，艰难跋涉来到贵州，挖掘和研究傩文化。在此之后，贵州的傩堂戏、地戏等传统戏剧文化经过创造提炼后不断走向舞台，与傩戏相关的文化产业也不断兴起，为人们提供了精神食粮。傩戏还走出了国界，2010年，应韩国第13届国际假面舞节组委会、世界假面文化艺术联盟的盛情邀约，贵州省文化工作者和民间艺人共同组成"中国少数民族艺术团"前往韩国参加了此次活动，展现了贵州少数民族丰富的傩戏，受到各国观众的好评。由此可知，傩戏作为贵州民族地区的一种文化产品不仅推动了贵州经济的发展，同时也为贵州"走出去"提供了一条捷径。所以，充分利用贵州的民族文化资源优势，发展相关文化产业，是推动贵州经济发展、"走出去"的决定性战略。

三、发展贵州民族地区文化产业有助于强化民族社区认同

文化是民族的灵魂，同时也是文化产业的灵魂，文化还是加强民族凝聚力和向心力的重要源泉。文化产业是文化和娱乐的结合体，它将丰富多彩的传统文化与人们的精神需求联系起来，创造出了多彩多样的文化产品以满足人们的精神需求。

贵州由于民族众多，呈"大杂居，小聚居"的特点，人们通常是以血缘或家庭为单位聚居在一定的地域。而在这一族群或地域内，经过几千年的历史发展，人们将在生产实践的基础上创造出区别于其他族群或地区的文化，形成自己别具一格的文化，而这种别具一格的文化正是维系整个族群或地区和谐友好的精神纽带，可以强化族群认同感。但随

着改革开放步伐加快，经济的快速发展，外来文化的进入和本地区的人常年在外务工，对自己的传统文化不闻不问，由此造成了无人传承和发展传统文化的窘境，造成了本民族或地区特有文化受到严重冲击，面临着消亡的危险，人们对社区认同也不断弱化。所以，在贵州这个具有独特居住特点的地方，发展民族文化产业，不仅对文化具有传承和保护的作用，还具有强化社区认同的重要意义。

贵州黔东南苗族侗族自治州台江县施洞镇、老屯乡一带，苗族人民最隆重的民族节日之一是姊妹节，苗族又称之为"吃姊妹饭节"。姊妹节是源于苗族叙事诗《娇娥与金丹》的传说，也有认为是源于其他传说，之后演化成为苗族青年男女谈情说爱的节日活动，被誉为"东方情人节"。随着文化产业的推进，台江县的苗族姊妹节已经由政府举办成大型文艺演唱活动，每年都会迎来众多游客的观赏，并吸引了众多企业的投资，推动了苗族相关文化产业的发展，如苗族的饮食文化、服饰刺绣等工艺的发展。姊妹节作为苗族传统的节日文化，被打造成了苗族高端的文化盛宴，不仅推动了台江县经济的发展，对台江县施洞镇、老屯乡一带的苗族人民来说，每一次节日，都增强了他们的民族认同感和凝聚力，加强了民族社区的认同。

总之，文化是增强民族向心力和凝聚力的核心要素，同时还是强化民族认同、社区认同的根基。因此，发展文化产业，深入挖掘民族文化，具有重要意义。

第三节　贵州民族地区文化产业建设对农民社区认同的消极影响

一、利益驱动对原有文化的冲击

在经济发展突飞猛进的今天，人们不再固守对物质的追求，更多的是追求精神文化享受，而且文化产品相对于物质产品来说，更新的速度远超于物质产品，更具有经济价值，所以各国政府都开始把文化产业作为一项能够支撑国民经济的突破性产业和战略性产业来看待，将原有的传统文化与现代主流文化相结合，创造出人们喜闻乐见的文化产品，以促进消费，从而拉动经济的快速增长。正如艾斐所说："'文化产业'是以创造价值、赚取利益和发展经济为目的的文化生产和消费活动，其特点是遵循市场经济法则，服从价值规律，批量化生产和市场化运作。"①很多地方都采用"文化搭台、经济唱戏"的方式促进经济发展，一些商家为了趁机获取暴利，对传统民族文化进行大肆改造，且利用各种媒介进行广泛宣传。这样，他们所创造的几乎没有传统文化因素的文化产品，代替了本真的传统文化产品，对于消费者来说，他们无法辨别真伪，对商家所宣传的"文化产品"属于传统文化信以为真，而对真正传统文化的持有者来说，由于受各种因素的限制，他们无法为自己本真的传统文化找到一条恰当的路径展示给消费者，久而久之，为了跟上主流文化，自己也逐步被商家的文化产品所吸引，对自己原有的文化充耳不闻。如此，原有的文化就在利益的驱使下受到严重冲击。文化作为一种精神产品，具有导向作用，当人们自己在生产实践基础上所创造的具有自身独特性的文化被外来文化所代替时，心中会无意识地产生一定的失落感，失去文化这个精神纽带，人们对社区的认同感也会不断减弱。所以，发展文化产业，应坚持正确的方向，否则不但不能传承和保护原有的传统文化，还将加快传统文化的消失进程。

二、人员流失，社区认同减弱

在世界经济、政治格局发展变化巨大的时代，文化产业作为一个新兴、朝阳文化产业，具有广阔的发展空间。文化产业的产生促进了相关文化产业链的发展，这些文化产业链需要不同层次的员工参与，使文化产业与就业形成一种良性互动关系，为人们的就业提供足够多的机会，这也是文化产业的社会效应之一。

文化产业的发展，不仅能够为当地的人民提供就业机会，也会吸纳

① 艾斐：《文化事业和文化产业的关系》，《人民日报》，2004年5月11日。

进一些外地人，由于本地缺乏足够的文化资源优势，当地无法发展文化产业或者由于当地的文化资源还没有被发掘，文化产业的发展还没有到达此地，为了生存，一些人不得不常年前往其他拥有文化产业链的地方务工。由于常年在外，他们受到外界文化思想的影响，逐渐对自己的传统文化淡化，随着时间的流逝，维系他们民族或区域的文化记忆慢慢消失，与之相对应的社区认同也减弱。正如卢璐、许远旺所说的："现代性已经对传统的村落文化造成了巨大的冲击，传统民俗的消亡、宗族的式微不仅仅造成了村落与历史的断裂，同时也让村落内部的凝聚力受到挑战。"①

乡村文化建设与农民社区认同研究
——以贵州民族地区为例

---

① 卢璐，许远旺：《建构认同：新型农村社区建设与社区意识的生长》，《学习与实践》，2012 年第 4 期。

第七章

习惯法与农民社区认同的
理论与实践

习惯法植根于社区认同，习惯法的有效实施有助于强化农民社区认同。贵州少数民族众多，少数民族习惯法广泛存在。然而，随着社会的发展，国家法和习惯法发生了碰撞与冲突，带来了一系列问题。针对这些问题，重构农民社区认同、习惯法与制定法相协调成为解决问题的有效途径。

第一节　习惯法与农民社区认同理论研究

一、习惯法对农民社区认同的意义

在农村文化建设中，法制文化的建设显得尤为重要，一个地区没有法制，其他的建设都等于空谈，法制文化是一个国家或者说是一个地区规范人们的一种思维方式和行为方式，这包括了人们对法的认识、人们的法制观念以及价值取向等等。依法治国是我们国家法制建设的依据，法制文化是国家法制建设的灵魂和核心要素、精神动力、力量源泉以及制度支撑。要依法治国并且将法治国家作为社会建设的目标，建设和谐社会，必须依靠法制文化。只有在农村加强法制文化的建设，才能够保障新农村文化建设的有序进行。当前正处于我国新农村文化建设的进程中，加强我国农村法制文化建设不仅具有十分重要的理论价值，更具有重大的现实意义。在文化建设的复杂过程中，没有社会认同的支撑就不能够达成目标，社会认同属于意识形态的范畴，意识形态的形成是人们在日常生活中日积月累的，所以要对人们的意识形态进行把握就要清楚人们的心理意识与意识形态之间的关系，深入探讨意识形态与社会认同，挖掘社会认同在新农村文化建设中的意义和价值。

二、习惯法概述

我们知道，最早提出习惯法的人是亚里士多德，他在其著作《政治学》中明确指出了由习惯形成的不成文的"法"比成文的"法"更具有约束力，更具有强制性的观点。[①] 这里所说的习惯法实指与具有权威性的习俗具有一定联系的不成文的法，在西方国家很少有人或者说学派来对此进行专门的讨论。[②] 到了历史学派时期，萨维尼首先提出了习惯法的问题，他认为法律是先于人民的习俗和信仰的。[③] 紧跟着讨论该观点的是德国的普赫塔以及英国《古代法》的作者梅因，他们更为着重讨论的是习惯法的内容及其所产生的效力。从他们的研究来看，甚至可以认为他们已经承认习惯法具有和法律一样的作用，它可以形成一系列的法律现象。[④] 法学派专家凯尔森将法从内容上分为习惯法和成文法两大类，他认为习惯法就是指被人们接受和遵守的一种具有强制性的行为规范，习惯法在其规范区域内一样可以被强制执行，具有较高的权威性和指导性。[⑤] 到了近时兴起的社会法学派和法学社会派，他们开始因习惯法形成讨论的高潮，人们在这一场场的辩论中加深了对习惯法的认

---

① [古希腊] 亚里士多德：《政治学》，吴寿澎译，商务印书馆1965年版，第170—171页。

② 周世中等著：《西南少数民族民间法的变迁与现实作用》，法律出版社2010年版，第13—16页。

③ [德] 萨维尼：《论立法与法学的当代使命》，许章润译，中国法制出版社2001年版，第11页，转引自高其才：《中国少数民族习惯法研究》，清华大学出版社2003年版，第2页。

④ 高其才：《中国少数民族习惯法研究》，清华大学出版社2003年版，第2页。

⑤ [奥地利] 凯尔森：《法与国家的一般理论》，沈宗灵译，中国大百科全书出版社2000年版，第129页。

识。以社会现实研究为立场的社会法学派代表人物韦伯认为习惯法是一种适应于默契而使用的一种行为准则[①]。奥地利的社会学家欧根·埃利希在其《法律社会学基本原理》中提出了"活法"的概念，这里的"活法"指的就是在社会中自发形成的一种习惯，它们不经过国家的制定却能够保证其运行的秩序化。[②]《中国大百科全书法学卷》中对习惯法的定义为：习惯法是由国家认可并由国家强制保障的行为规范。[③] 在国内，很多学者同意这一观点，孙国华教授在其主编的《法学基础理论》一书中就认为，习惯法是由国家认可并且被国家赋予了强制力的法。[④] 与此观点不一致的是梁治平先生，他在其著作《清代习惯法：社会与国家》中提出，习惯法是人们在长期的生产生活中形成的一套解决乡民之间因为权力、义务等问题产生的冲突的法，并在这一规范范围内进行实施。[⑤] 同时高其才也赞同这一观点，他认为习惯法是独立于国家法律之外的行为规范，只对某一特定区域有效，具有一定的强制性效力，是以某种社会组织或者是社会权威为依托的。[⑥]

　　近代，越来越多的人对法的定义逐渐社会化，人们在不断探讨的过程中形成了大量的研究成果，习惯法在一定意义上获得了较高的地位，因此我们在对学者们的研究成果进行评价的时候，应该在社会化立场之上来建立我们对于习惯法的认识。那么，我们可以认为，习惯法是以一定的社会区域中的人们的行为模式为基础，由某种社会权威或者是组织来强制保障实施的一种社会规范行为的总和。

　　对于习惯法是不是法这一问题，出现了两种相对立的观点，一种是国家主义的观点；另一种是多元化视角的观点。第一种观点认为只有国

---

　　① ［德］马克斯·韦伯：《经济与社会》，林荣远译，商务印书馆1997年版，第355—368页。转引自高其才：《中国少数民族习惯法研究》，清华大学出版社2003年版，第2页。

　　② 周世中等著：《西南少数民族民间法的变迁与现实作用》，法律出版社2010年版，第18页。

　　③ 龙大轩：《乡土秩序与民间法律——羌族习惯法探析》，中国政法大学出版社2010年版，第2—3页。

　　④ 孙国华主编：《法学基础理论》，中国人民大学出版社1987年版，第41页。

　　⑤ 梁治平：《清代习惯法：社会与国家》，中国政法大学出版社1999年版，第1页。

　　⑥ 高其才：《中国少数民族习惯法研究》，清华大学出版社2003年版，第8页。

家制定，并且保障的行为规范才属于法律，认为只有严格规定的法才能算是完整意义上的法，不赞同特殊的习惯作为法的观点。第二种观点则认为，法律的存在不应该只是看到国家层面，更应该注重其效力，因此，我们应该对于少数民族地区因其文化的差异性所存在的具有效力性的行为规范采取一种较为宽容的态度，从法的立场来看待习惯法的地位。笔者认为，对于习惯法中的多个类别，其法律效力应该存在不同，被国家认可和被赋予强制保障的社会习惯是具有法律的性质和地位的，其他的乡规民约如果存在效力，那么它依然具有普通法律一样的约束效力，也可以作为地区之间、个人之间或者是个人与群体之间相互交往的证据。

三、习惯法与农民社区认同的关系

从社会控制的角度分析，习惯法之所以能够在一定的区域得到实施，主要是源于人们的心理因素，也就是内控制力的结果，它是通过社会文化之间的相互影响，在区域成员之间建立起来的控制系统。这种内控制力就是我们这里所说的农民的社区认同，在一些法学论著里，也称为人们的"法的确信"。韦伯认为：一种法或者是一种法律形式的合法性并不是因为有强制机构的监督而存在，在大部分场合，决定权还在于功能主义，伦理道德，或主观上因循守旧的动机。[1] 虽然在少数民族地区，农村的习惯法也会有一些强制执行的措施，但是更多还是依靠社区成员对于习惯法的"确信"与自觉实施。因此，习惯法的存在从某种意义上来说，离不开社区认同的存在，习惯法如果离开承载它的区域实施的主体，就不能称其为习惯法，只有人们对社区的认同感还存在，才愿意去维护这个社区，去遵守这个社区所制定的规章制度。因此，可以说，习惯法根植于社区认同，社区认同的存在是习惯法存在的土壤。与此同时，社区的认同也通过习惯法的实施得以强化和发展。习惯法在社区中的存在与实施，可以让社区内的成员预见到自己行为的后果，从而有选择性地作

---

① ［德］迪尔克·克斯勒：《马克斯·韦伯的生平、著述及影响》，郭峰译，法律出版社2000年9月版，第174页。

出自己的行为，它对人们的行为具有一定的约束力和指引性，这样更有利于在社区中形成一致的行为模式，更容易培养成员的认同感。如果失去习惯法，人们就失去了一种规约自己行为习惯的准则，任凭个人自由发展，这样，一些人就会为了达到自己的目的而不惜牺牲他人的利益，使整个地区社会秩序出现危机，导致人与人之间的情感破裂，社区认同也不复存在。因此，习惯法的实施对于社区认同的培养与形成具有重要的作用，两者之间是相互依存、相互促进的关系。

第二节　贵州民族地区习惯法与农民社区
认同的发展及存在的问题

一、贵州民族地区习惯法的发展现状及存在的问题

少数民族习惯法，是广泛存在于我国少数民族地区的一种约束形式，在少数民族地区，他们具有自身传统的行为规范模式，这种约束力以其强大的生命力和独特的形式在少数民族地区填补了国家法律的缺失。习惯法与国家制定法之间既存统一性也存在矛盾性，首先，它们的目的都是一致的，都是为维护良好秩序而进行的一种行为规范，但是他们之间的规范、实施，以及价值等方面存在着矛盾和冲突，习惯法在一定程度上是对国家制定法的一种补充。[①] 贵州是一个少数民族聚居的省份，主要居住着苗族、布依族、侗族等众多少数民族。贵州许多少数民族聚居区，从地理位置和交通条件上看，由于沟壑纵横，山高坡陡，交通十分不便，加之地处偏远，受外部的影响很小，较好地保留了原始文化。其次，从语言上看，这些少数民族都有自己的语言，且平时交流都用本民族语言。语言的差异和不通容易导致文化交流上的障碍，会形成文化上的差别。在长期的生产生活中，这些少数民族地区形成了一些规范，用来分配村民之间的权利和义务，依靠少数民族的权威来保证各

---

① 高其才：《试论农村习惯法与国家制定法的关系》，《现代法学》，2008 年第 3 期。

项任务的顺利实施，其实这是一种"地方法律"。^①它是依据地区的实际情况制定的关于社会生活各方面的行为规范，"在我国农村地区，存在内容丰富、功能全面的习惯法"。^②有些习惯法其实就是少数民族长期以来形成的传统风俗，它是对少数民族的生产、生活方式的适应。^③少数民族习惯法是在国家法制的基础上来制定的，是区别于国家制定法的区域性法律。它是由社会权威和社会组织来制定的，是特定社会群体共同意志的体现。在贵州的少数民族习惯法中，以苗族习惯法最为典型。

第一，政治制度议榔。议榔是苗族社会中特有的社会组织，它的活动通常带有宗教色彩，其活动主要由寨中的人来共同完成。从苗族的口头语言可知，议榔主要有三个方面的职能：（1）是定制榔规与规范榔规的职能。（2）召集亲族复仇。在没有国家控制或者无其他权力机构介入的情况下，当某人的个人利益受到侵害时，就要以议榔的形式召开全族会议，并通过全族的力量来为其报仇。在《贵州图经新志》卷十二中就讲到苗族人民在有不和时，就要召开全族会议举全族之力量为其进行复仇。（3）苗族利用议榔的形式来抵御他族的征服，并组织发动与封建王朝的抗争。在雍正年间，贵州省台江县内的苗族就以议榔的形式杀牛喝血酒宣誓，号召民众反抗清政府的统治，抵抗清王朝的征服，使得一百多寨子串联了起来。咸丰五年（1855）三月，苗族众人议榔决议起义，霎时间点燃了苗族民众的起义之火。议榔的最高头领被称为理老或者是榔头，其人数并不作规定，若是人心所向，具有很好的德行，在村寨中受人尊敬，则会被人们尊为理老，担负起主持议榔的责任，他个人并没有立法的权力。调解纠纷并非议榔的责任，但理老熟悉习惯法，通常会在寨中对民众之间的矛盾进行调解，致使双方达成一致协议，虽然这种形式没有直接的影响力，理老在这之中也没有执行法律

① ［美］克利福德·吉尔兹：《地方性知识》，王海龙，张家瑄译，中央编译出版社2000年版。

② 高其才：《试论农村习惯法与国家制定法的关系》，《现代法学》，2008年第3期。

③ 方慧：《少数民族地区习俗与法律的调适——以云南省金平苗族瑶族傣族自治县为中心的案例研究》，中国社会科学出版社2006年版。

的权力和强制裁判的权力，但是在形式上，其行为属于调解行为。

第二，寨老制度。在苗族社会德高望重者即是寨老。清朝乾隆年间，苗族并没有酋长，在各个苗族村寨内部，都有一个头人，这个头人通常是能言善道、明白事理之人，头人在苗语称为"娄方"①，直译为地方长者，也称为寨老。在新中国成立前的雷公山地区还普遍存在着寨老制度，既非官府任命，也不是世袭或者是选举出来的，他是自然产生的，寨老不具有任何特权，仍然要参加生产劳动，村中的寨老一般分为理老、活路头、牯脏头和鬼师，这几种形式的寨老不存在隶属关系，他们之间既合作又分工；但是，并不是每一个村寨都同时存在这四种寨老，这些寨老们在实施习惯法的过程当中都发挥了一定的作用，其中，苗族地区的鬼师平时以驱鬼的方式帮助别人治病，在祭祀活动中念仪式词，这种制度情形在苗族的原始宗教信仰上面得到了证明。在唯物史观看来，宗教是源于人们的现实生活的，与人类的社会生活分不开。是人创造了宗教，而不是宗教创造人②，古代一切宗教都是自发的部落宗教和后来的民族宗教，它们从各民族的社会和政治条件中产生，并和它们一起生长。③雷山地区的原始信仰是其古代苗族社会历史生活的反映，（1）雷山的社会组织情况在其宗教信仰上有所体现，因此，决定了雷山苗族的宗教信仰不可能脱离人成为神教，在他们的宗教信仰当中，信仰的对象没有上下级之分，是相互平等、相互联系的关系，不分高低贵贱。（2）宗教的发展也是为了满足社会需要，要想让人们的宗教观念发生变革，必须让社会制度发生变革，阶级社会中的宗教等级之所以存在，是为了满足神化社会等级的需要。（3）一个宗教想要在一个地区立足或者发展，无论它演变到何种程度，只要社会没有产生对它的需求，都不可能立足和发展，伊斯兰教、基督教和佛教都曾到雷山发展过，但是因为其反映的内容与雷山地区苗族人民的精神信仰不一致，所以最终没能扎根雷山。雷山苗族还会将石头称为"菩萨"，这是因为苗

---

① （清）张广泗：《张广泗奏革除苗疆派累厘定屯堡章程折》，《清代前期苗民起义档案史料》，光明日报出版社1987年版，第241页。

② 《马克思恩格斯选集》（第一卷），人民出版社1995年版，第1页。

③ 《马克思恩格斯全集》（第十九卷），人民出版社1963年版，第333页。

族人的自然崇拜，而取名为菩萨完全是因为对佛教词汇的借用，并不是指佛教中菩萨的含义。

第三，财产保护制度。村寨约定俗成的条规中规定，每个村寨的纠纷案例都可以经过大家的审判来进行执行。很多村寨的村规民约中都会一一列举出详细的保护对象，主要是：集体山或自留山上的杉树；猪、牛、马、羊等牲畜；竹笋、天麻等经济作物；集体的或者个人的原木、自留山上的杂木、五倍子树、杜仲等经济树木；洋芋、红薯、辣椒、茶叶、水稻等农作物，以及鸡、鸭、鱼、蛋等个人财物。村寨中的规定对偷盗行为有几种不同层次的处罚，分类细，情节明确，由于各个村寨中的规定都大致一样，无非是条文顺序有所调整，内容不变。村规民约中规定的内容是对国家法律的补充，其保护的对象和处罚标准都是充满地方意味的，是根据当地人们的生活环境、生活状况、文化模式改变和制定的，它的存在自然有其道理。习惯法通常借鉴国家法的处罚方式，按照当地习惯法的处罚方式，是由有过错的人出酒、肉、米请不特定的多数人吃饭赔礼，这部分在后面苗族习惯法处罚制度部分将会给大家详细说明。

第四，婚姻制度。婚姻制度是苗族"其俗不移"的最典型制度。其主要原因是因为清朝及中华民国时期规定的婚姻制度虽然与苗族有差异，但这些差异对统治者和苗族地区的控制力的影响并不大，故而没有强制推行汉族婚姻法；婚姻制度的改变对于地区文化习俗具有极大的冲击，所以婚姻制度应当以人为本。对于居住在深山僻谷，不通汉俗，不解汉文，"绝先王之礼教"的大部分苗族地区的普通百姓而言，他们没有受到过任何儒家文化思想的洗礼，从古至今一直习惯于自身的苗族婚姻习惯法，因此即使有人建议"正婚姻以端风化"[①]，想要强制改变苗族的婚姻习俗，是十分困难的，同时对于清朝及中华民国的统治者而言，的确是犹如鸡肋，难以下手。

在少数民族地区，处理案件的时候法官多数会先考虑当地自身的习惯法，与国家法相比，习惯法在解决当地矛盾与案件的时候有一定的优势，然而由于地区与群体的区别，国家法这种高于习惯法但又不完全等

---

① （清）罗文彬，王秉恩：《平黔纪略》，贵州人民出版社1988年版。

同于习惯法的律法，在少数民族地区的强势介入，产生了诸多问题。例如：在处理少数民族地区矛盾与案件的时候，国家法与习惯法谁应当更优先？如果国家法让步的话应当让步到怎样的程度？如何调和国家法和习惯法这两者之间的冲突和碰撞？国家法应该让步与否，取决于少数民族的习惯法存在是否合理，只有合乎情理，才有资格与国家法相比较。现代学界关注和讨论的是第一个问题，因为在当今的法治社会中，少数民族习惯法存在的合理性是一切其他相关问题讨论的基础和前提，只有确定了它的合理性才有讨论其他更深入问题的必要。

二、贵州地区农民社区认同的发展现状及存在的问题

随着社会经济的发展、人口流动性的加剧，贵州地区的农村已经发生了巨大的变化，新时代的农民在生产方式、生活方式上已经不同于以往，这些变化对农民社区认同产生了巨大的影响。王春光在20世纪初便指出，新生代的农民工们对于家乡的乡土认同程度正在降低。很多研究者从各种角度阐释了社区认同的消解，是由农村社区生活的巨大变迁所造成。例如，项继权从集体制解体的角度指出，导致农村社区及共同体陷入信任和认同危机的直接原因，是由于基于集体经济和政治控制的农村社区及共同体的逐渐衰落。董磊明从公共空间的方面入手，指出随着社会现代化进程的不断推进，从20世纪80年代以来农村公共空间便不断缩小，社群、村庄共同体不断解体、陌生化。吴理财的观点则以农村社区认同的消解为入口，着重分析其与农民传统的生产生活方式、婚姻家庭，以及城市化建设、信息技术的发展，以及基层治理转型的关系，认为它们之间存在着十分密切的联系。

在农民社区认同陷入困境、农民乡土认同越发淡漠的过程之中，我们逐渐意识到在这个新的时代，农民群体正在陷入深刻的认同危机之中，正如转型时期的其他群体一般。这不仅仅是社区认同的危机，如果任其发展，到最后更是文化认同的危机。从社区认同方面来说，对于仍然留守在农村的村民们，文化、政治、制度等等因素影响着他们对于社区的认同，新时代的开放性将他们和他们的家庭与城市等遥远的地方建

立起了联系。与从前相比，他们的未来充满了更多的不确定性。如今他们与农村之间的关联或紧或松，虽然他们对从小生长的农村社区仍然有着很高的社区认同，但从某种意义上来说，这种认同其实更多的主要是对于亲人的感情，是一种身份的认同。对于农村的一些传统和习惯他们开始出现回避甚至是否定的态度，对于农业活动缺乏兴趣和情感，这些现象造成了现在农民社区认同的巨大困境。但是，现代社会还需要地方性共同体的存在，用以发挥社会认知方面的功能，也就是说作为农村经济支撑的农业经济仍然可以作为社区共同体的基本资源存在。

就中国农村社区现在的发展来说，如果国家仍然坚定不移地坚持新古典主义经济学，继续实行走乡赶城的道路，加强农村的文化基础设施建设，以服务带发展，那么就会形成加快城市化进程与新农村建设的矛盾，新农村的建设也极易迷失道路。从文化认同方面来看，新时代的农村在空间维度上无限延展，加剧了城乡社会的时空对比与冲击。传统的社区认同发生转变，新一代的农民对农民社区的认同减弱，农村社区的公共文化不断解体，社区认同失去了传统的仪式化的强化机制。社区认同的减弱与城乡之间时空与文化的冲击紧密相关，但更与当代人们对农村文化的定义有关。后者才是导致农民文化认同危机的直接原因。如果农民的生活方式、生活意义与价值来源被轻视，甚至是被否定，整个社会尤其是新一代的农民自身都陷入了这种思想之中，那么又以什么为基础来建设农村文化呢？这是值得我们深思的问题。

第三节　贵州民族地区习惯法冲突与农民社区认同危机的解决

一、重构农民社区认同

重新构建社会认同，必须要加大社会意义系统及社会组织方式的建设，将社会福利系统纳入重点建设项目。所谓社会福利系统就是指经济发展带给各领域的奉献程度，通过经济的发展来拉动社会群体的生活水平；所谓意义系统就是指知识、道德观念、法律法规，以及价值取向通过宣传教育来实现作用的发挥；社会组织是社会认同产生的基础，它可以为社会认同营造环境，向社会群体输入知识符号，引领群众思想。由此可知，农民社区认同的增强，主要原因是公共服务激活了农民的参与热情，提高了农民的责任意识和义务意识。也就是说公共服务的介入，是否能够使农民社区认同得到重构，其关键在于能否激发农民的热情，能否与社区的内在力进行有效结合，并发挥出超常的能量。

农民社区认同是农村文化建设的一个重要组成部分，因此农民社区认同的重构具有重要意义，农村社区文化的建设不仅仅是简单地将外部的城市化引入农村中，过去实行的农村文化建设就是填鸭式的将外部先进的城市文化一股脑儿地灌输进农村，虽然在一定程度上构建了人们的社区认同，但是在很大程度上改变了，甚至是摧毁了农村的传统文化，诸如婚姻观念、道德观念、家庭观念等等。这种以依靠外界植入来建设农村社区文化的方式，必然会导致基层治理的衰落。同时，随着经济社会的迅猛发展，农民的观念被城市文化侵蚀，他们会开始重新审视自己的文化，并因经济差异而产生自卑心理，从而越发地瞧不起自己的传统文化。

先进的城市文化进入农村社区，从表面上看是加速了农村城市化的进程，但是在物质文化丰富的同时，人们的精神文化却越发地空虚，这不仅没有增强农村社区文化的认同，反而成为加剧农村社区文化认同消亡的罪魁祸首。也就是说，农村社区文化认同不仅仅只靠文化的输入，如果只是简单地进行文化输入，常常会事与愿违。我们不断强调，农村社区文化常常是区域文化，它的形成是由该区域的生产生活条件决定的，因此如果我们只是机械地将先进文化灌入这个社区，其作用是十分不明显的。从实际出发，以农村社区的公共生活为起点，从农村内部构建农民社区认同，是农民社区认同建设的关键点，我们要建设新农村文化，目的就是要建设农村的公共生活、培养农村的公共精神，从而构建农村的公共文化体系和社区认同。

公共精神是一个社会的精髓，一个社会的公共精神越发达，这个社会的环境和氛围就会越好，这个社会的成员所能够享受到的公共资源就越多，福利也就越多。公共文化精神的建设可以为人们构建一个互相包容、互相支持的社会环境，同时也能够发挥其效用抵御消极的、不健康的因素。罗尔斯认为，要构建统一性的基础共识必须以相同的背景文化和日常的生活文化为基础，并且能够形成同样的共识，也就是说我们可以通过农村的公共社区生活来达成意识的一致性。当然，在现代生活中，公共性并不是一致性，更不是同质性。

汉娜·阿伦特认为："在公共基础条件下，现实主要是由各个个体的思维意识、观点来保证的，而不是由整个世界上的群体的'共同本质'保证的。就算每个人的关注角度不一样，出现了不同形态的看法，但是每个个体所关注的都是同一个客体。如果人们不再关注客体的某一个共同点，那么就会产生公共世界的解体……当人们只从一个角度去看世界，当人们只从一个角度去展示自己，那么公共世界也就到结束的时候了。"哈贝马斯也认为："公共性是一种民主自愿的原则，使每一个人都有能够平等表达自己意愿的机会，只有当个人的意见通过公众的批判成为舆论，才能够实现公共性的可能。"在改革前期，农村生活中虽然存在着某种意义上的公共生活，但是这样的公共生活是以同质性为前提的，在高度集中的计划经济时代，这种生活必然会遭到抛弃。虽然如此，它却是人们因为生活的巨变而寻求的一种精神慰藉，是来自人们内心真实的呼声。

社会学家曼纽尔·卡斯特（Manuel Castells）认为："人们会拒绝个人化的过程，追求能够产生归属感和共同文化集体化过程，要达到这样一种现象就必须经历社会动员的过程，在参与的过程中不断形成共同的利益、共同的认识，从而获得共同的意义。"在这一点上，社区认同成为人们在一定的生活范围之内，因为生产生活而产生的对该空间、群体所产生的信任、喜爱和归属的情感，这一观点对于目前建构农民社区认同具有很大的启发性。

总之，为农村社区生活和生产服务是农村社区公共生活建设的基本目的，也就是说社区的基础设施建设、公共活动的开展、公共空间的重构、公共服务的建设，都要立足于农村人民的物质水平和精神水平，立足于激发农民的公共参与度和积极性，立足于培养农民的公共理性。

二、习惯法与制定法的相互协调

在我国少数民族地区，习惯法以其强大的生命力、特有的形式展现着它的独特魅力。然而，伴随着国家政权的渗入，这种完全迥异于少数民族习惯法的强势文化——国家制定法，扰乱了原有的习惯法调整机制。因此国家法与习惯法发生了强烈的撞击，结果犹如费孝通教授所说的："现在的司法制度在农村产生了一些副作用，它在进入农村之后破坏了原有的有序的社会治理秩序，但是并没有能够建立起相对稳定的法治秩序。"[1] 基于此，我们应当在承认习惯法存在的优点，以及合理性的前提下，立足于我国现行制定法，协调习惯法与制定法之间的关系，让两者在农村法制建设的进程中发挥各自的作用，促进新农村法制文化的建设。

第一，习惯法与国家法不矛盾内容的协调。在执行国家法的过程中，将习惯法穿插于其中，这样法律的执行者与司法者在执行法律惩处的时候，就可以将法律进行量体裁衣，考虑事件与当地文化是否背离，将当地的习惯法纳入法治惩处依据的思考范围之内，人性化地对量刑幅度进行酌情增减等，以此实行具有当地特色的法治，这就是吉尔兹所阐释的"地方性知识"。不管是西方的理论知识还是法律条文，我们在引用之后都只能构成一种理论上的假设，而这种假设在我国是否适用，还须依据于我国的法制实践。对于一些已经写入我国法律的理论，我们不应该产生误解，认为这已经被中国化了，因为法律的原则，并不是放之四海皆准的，它的具体实施还需要根据实际情况来定夺。

立法者不可能兼顾每个县、每个乡，因此在借鉴国外法律条规的同时，不可能在具体的实施过程中一帆风顺，实践是检验真理的唯一标准，所以只有将法律置于实践之中才能不断地修改出适合的法律法规。尽管大多观点对习惯法采取了置之不理的态度，有的甚至还直接否定了习惯法的功能；但是在少数民族地区，司法实践中还是不免要参考当地

---

[1] 费孝通：《乡土中国》，生活·读书·新知三联书店1985年版，第43页。

的习惯法，甚至习惯法较之国家法影响更甚，这实际上也是将国家法置于参考的地位，而将习惯法作为主要的依据，可以说是改写了国家法的内容与精神。

在少数民族地区，当地的法官可以机智地利用国家法律法规中具有弹性的词语来对习惯法进行阐释，这种将民族习惯法置于国家法之中的方法，既能尊重和维护国家法的统一，又能将民族地区的习惯法运用到法律判决之中。在不违背国家法律的原则之下，法官将国家法与民族习惯法进行有机结合，对案件进行审理，是民族地区案件审理的一种有效手段，对于比较完整和成熟的习惯法，还可通过地方的人大会议将其确立为国家法。

第二，习惯法与国家法冲突内容的协调。当习惯法与国家法发生冲突时，国家不能干涉习惯法的使用，如果内容上习惯法与国家法有冲突的，将用以下方式来进行协调。根据《民族区域自治法》第六条规定："民族自治地方的自治机关根据本地方的情况，在不违背宪法和法律的原则下，有权采取特殊政策和灵活措施加速民族自治地方经济、文化建设事业的发展。"该法第二十条规定："上级国家机关的决议、决定、命令和建设事业指示，如有不适合民族自治地方实际情况的，自治机关可以报上级国家机关批准，变通执行或者停止执行，该上级国家机关应当在收到报告之日起六十日内给予回复。"这两条规定都存在先决条件，它们必须是在不违背国家法的原则之下进行，那么我们可以这样理解，对于少数民族地区的法律，我们可以通过灵活变通的方式来包容，同时地方的习惯法也要根据实际情况来作出一些相应的改变，做到与国家法相协调。

在贵州黔南和黔东南地区，受汉文化的影响程度不同，接受国家法的程度也不尽相同。黔东南苗族侗族自治州在历史上属生苗聚居区，受汉文化影响较少，适婚年龄较早，这样的婚姻习俗与国家法产生了冲突，但是又没有相当的习惯法来进行支撑。怎样来解决这个历史遗留问题？采用什么样的方法来进行研究？将是我们接下来要研究的课题。

第三，国家法的渗透。在全国大发展、大繁荣的经济形势下，如果任何一个民族故步自封，拒绝与外界交流，那么它将在历史发展潮流中

乡村文化建设与农民社区认同研究
——以贵州民族地区为例

退步，而少数民族与外部进行交往就必须遵守国家法。如今汉族地区使用的法律大部分都是借鉴和引用的，任何一个民族的发展都离不开对发达方的学习和借鉴，那些最容易与外界接触的、有机会对其他团体产生影响的，就极有可能在经济技术领域之中领先于其他。①

交易规范的一致性是经济全球化的必然结果，而这些交易规范都是由法律规定的。中国正迈进市场经济的经济运行模式，光依靠习惯法是不能解决问题的，所以在经济蓬勃发展的今天，我们必须要与世界接轨，去接触大量的国外成文的法律法规，但这就会引发矛盾，中国现代的国家法律制定的构架和细节大多都是采用西方的思路和观念，更为主要的是借鉴了西方的法制模式；但是中国大部分地区都保留着传统的行为模式，尽管目前有一些变化。任何法律制定出来不可能立即对整个国家产生效力，它在实施的过程中还会依据实际情况进行修改和完善，从而逐渐形成普遍、广泛的约束力。

法律出现在任何需要它的地方，所以法律的适众性是有条件限制的，比如全国性的法律条规不一定适用于地方民众。在贵州省的很多苗族村寨，都还是以自然经济模式为主。所以在这些地方，有关市场经济的法律法规就无用武之地。

在中国，法制建设的重点不是对西方法治的模仿，而是要重视中国本身就存在的、起着约束作用的不成文的规定，重点关注人们经过反复实践证明的有效的法律制度。否则，正式的法律反而会成为无效之法，而且对社会规范起不到作用。社会的经济方式从一种转变为另一种需要有一个转变的过程，人们的观念同样也是需要一个转变的过程。从人类学的观点来看，文化中的制度变迁可以分为两大类：诱致性变迁和强制性变迁。十一届三中全会之后，在一些发达地区，除了承包责任制具有诱致性变迁和强制性变迁两大性质之外，其他的都基本属于强制性变迁。特别是在1992年之后，市场经济体制的改革都是强制性和激变性的，对于这样一种强制性改革制度在法律中的空白应当立即填补。我国20世纪60年代末到70年代末，国家根基薄弱致使法律资源有限，借鉴

---

① 陈庆德：《人类经济发展中的民族同化与认同》，《民族研究》，1995年第1期。

和采用国外的法律无疑是为了能够迅速稳定国内，以解燃眉之急。由于时间的紧迫性，借鉴国外的法律并没有充足的时间去验证它是否与我国的实际情况相符合，而是希望先稳定局势。所以大量的外国法律及相关法律著作都被翻译成中文，以它之长，补己之短，将国外的经验与国内的实际情况相结合，进而来完善我国的法律体制。但是这样的方式总是让人们在适应的过程中深感不适。

　　通过对贵州民族地区的调研来看，自然经济仍然处于主导地位，在这里国家法运用相对较少，习惯法仍是主流。国家法进入这些地区是带有诱致性的，在这些相对闭塞的苗族村寨中，国家法正慢慢浸透，民族习惯法将会与国家法进行相互融合和调适，例如，贵州诸多地方，由于处在不断发展之中，与汉文化有着或多或少的接触，人们在结婚时都会领取结婚证，当双方权利受到侵犯时，不再采用家族械斗的形式，而是主动求助于司法机关，这种行为的转变会致使民族地区习惯法发生改变，也在相对的程度上改变着人们的行为方式。

乡村文化建设与农民社区认同研究
——以贵州民族地区为例

第八章

结 论

前面总结了贵州民族地区乡村文化建设与农民社区认同取得的成就、面临的困境及其原因，并进行了对策研究和前景展望。本章在以上研究的基础上，提出以下基本结论。

一、贵州民族地区乡村文化建设与农民社区认同是互动关系

随着经济社会的快速发展，我国农村现代化进程加快，城镇化、工业化明显，国家强社会控制从农村退出，农村社会控制弱化。失去强社会控制的同时，农村并没有足够的时间和空间资源完成新的社会结构体系的构建，也正是因为如此，农村问题始终是党和国家政策的聚集点，始终是各种利益关系碰撞的始发点，始终是各种社会矛盾的敏感点。在当前构建社会主义和谐社会、全面建成小康社会的新形势下，农村必须加快完成新型社区的转型，通过社区自身力量调节社区自身，通过社区自身力量面临不同群体，通过社区自身力量满足不同群体需要，通过社区自身力量缓解不同压力，通过社区自身力量维护不同利益，通过社区自身力量化解不同矛盾。基于此，贵州民族地区农民社区认同是推进和谐社区建设的基本要求，是促进三个文明协调发展的必然要求，是解决农村社区控制弱化的根本方法，是推进三化同步跨越发展的重要抓手，是乡村文化建设的核心力量。

二、民族民间文化建设是强化农民社区认同的有力保障

贵州省关于民族民间文化的有益实践，无疑强化了民族文化的价值和意义以及民族民间文化的传承与保护，增强了农村社区的内聚力，有效地推进了农村社区的和谐发展。正如省级艺术之乡授牌制度，通过对集镇社区和集村社区的授牌，强化了长期存在于农村社区的传统文化和传统理念，使农民更加关注社区的发展，甚至在与人交流自我介绍时顺带强调"我是来自于某某之乡"，不仅强化了自身对农村社区的认同，同时宣传了自身所在社区的核心文化，也是和谐社区建设的重要保障。

三、公共文化基础设施建设是强化农民社区认同的重要支撑

第一，有利于农民在物质要求得到满足的前提下满足其增长的精神文化需求，有利于建立良好的社会风气、提升农民的自身素质、促进农村的可持续发展，有利于防止农村出现落后、陈旧的风俗习气，能够促进农民进一步提高文化素质，能够促进农民进一步认同和了解本社区文化，能够促使农民加强社区认同。

第二，农村社区已然出现农民自主需求、主动参与，从客观身份转变为主体身份的现象，这一现象恰恰反映了农民由于素质所限，对所在社区的文化难以深入挖掘、难以形成体系、难以自觉参与，而通过公共文化基础设施的建设，以社区为蓝本，引导农民深入挖掘本社区文化，形成本社区核心文化，自觉参与本社区文化建设，无疑是强化农民社区认同的不二之选。

四、生态文化建设是强化农民社区认同的有效力量

生态文化建设这一概念直到近年来才被社会各界广泛接受，其核心价值观在于建设人与自然和谐发展的社会，建设经济文明与生态文明高度融合的社会，建设生态生产力高度发达的社会。贵州民族地区多是喀斯特地貌，喀斯特地貌又被称之为岩溶地区，存在地面孤峰、漏斗、怪石林立、土地瘠薄、植被稀少、地下溶洞暗河纵横交错的现状，由于喀

乡村文化建设与农民社区认同研究
——以贵州民族地区为例

斯特地貌地区生产生活条件极差，曾被联合国有关组织认定为"最不适宜人类生产的地方"，此种环境势必给贵州民族地区人民群众的生产生活带来极大的不便与困扰，逼迫人们在生产生活中必须注重保护环境，从而形成了贵州民族地区自身的生态文化观，这种生态文化观成了贵州民族地区社区认同的一部分。

五、文化产业建设是强化农民社区认同的强力措施

贵州民族地区发展缓慢，在经济社会急剧变化的今天，当地居民还保持着传统的社会生活方式。这里有着悠久的历史、深厚的文化底蕴和丰富多彩的民族文化资源，是国家重点关注的省份。贵州的文化资源有利于文化产业的发展，同时也能够带动贵州其他产业的发展，促进贵州经济的腾飞。作为多民族省份，其文化产业的发展也是民族文化的传承和保护的有效路径，经济的发展、就业问题的解决，同样也是增强农民社区认同的重要路径。

六、公共文化基础设施建设是强化农民社区认同的重要支撑

农村社区的公共文化服务建设一定要以农民的精神文化需求，以及生产、生活的需要为基点，农村公共文化服务基础设施建设和文化活动的开展，以及建构公共生活空间的服务建设，都应该对农民的文化精神需求和物质需求的提升有积极的意义，都要调动起农民的积极性，都要对培养农民的理性意识起积极作用。

贵州非物质文化遗产目录

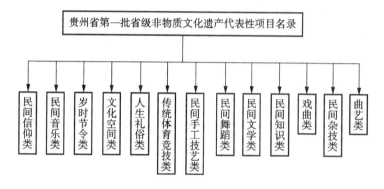

贵州省第一批省级非物质文化遗产代表性项目名录

1. 民间信仰类（6项）：侗族萨玛节（榕江县）、哥蒙的"哈冲"（黄平县）、独山愿灯（独山县）、布依族扫寨（都匀市）、仡佬族毛龙节（石阡县）、盘县地坪乡彝族毕摩祭祀文化（盘县）。

2. 民间音乐类（6项）：侗族琵琶歌（榕江县）、侗族大歌（黎平县）、洪州琵琶歌（黎平县）、布依铜鼓十二则（贞丰县）、盘江小调（关岭布依族苗族自治县）、铜鼓十二调（镇宁布依族苗族自治县）。

3. 岁时节令类（11项）：苗族茅人节（榕江县）、稿午苗族水鼓节（剑河县）、苗族牯藏节（雷山县）、注溪娃娃场（岑巩县）、清水江杀鱼节（福泉市）、水族端节（三都水族自治县）、水族卯节（三都水族自治县）、查白歌节（兴义市）、赶毛杉树（安龙县）、大狗场吃新节

（平坝县）、水城南开三口塘苗族跳花节（水城县）。

4. 文化空间类（14 项）：双倍嘎（从江县）、四十八寨歌节（天柱县）、社节（天柱县）、报京三月三（镇远县）、隆里花脸龙（锦屏县）、苗族弄嘎讲略（黄平县）、月也（黎平县）、古思州"屯锣"（岑巩县）、苗族姊妹节（台江县）、思南上元沙洲节（思南县）、仡佬族敬雀节（石阡县）、鼟锣（万山特区）、安顺屯堡文化（安顺市）、六枝梭嘎箐苗社区（六枝特区）。

5. 人生礼俗类（4 项）：占里侗族生育习俗（从江县）、平秋北侗婚恋习俗（锦屏县）、水族婚俗（都匀市）、茅坪花苗婚俗（湄潭县）。

6. 传统体育竞技类（3 项）：勾林（天柱县）、侗族月牙铛（天柱县）、侗族摔跤（黎平县）。

7. 民间手工技艺类（17 项）：苗族蜡染（丹寨县）、石桥古法造纸（丹寨县）、剑河锡绣制作工艺（剑河县）、苗族服饰文化（雷山县）、苗族银饰工艺（雷山县）、苗族芦笙文化（雷山县）、思州石砚制作工艺（岑巩县）、布依族土布制作扎染工艺（罗甸县）、水族马尾绣（三都水族自治县）、牙舟陶器制作技艺（平塘县）、玉屏箫笛制作工艺（玉屏侗族自治县）、小屯白棉造纸工艺（贞丰县）、乌当手工土纸刺绣工艺（贵阳市乌当区）、花溪苗族挑花刺绣工艺（贵阳市花溪区）、彝族擀毡制作工艺（威宁彝族回族苗族自治县）、苗族大筒箫的制作与演奏（盘县）、茅台酒传统酿造工艺（贵州茅台酒股份有限公司）。

8. 民间舞蹈类（15 项）：苗族格哈（丹寨县）、锦鸡舞（丹寨县）、畲族粑槽舞（麻江县）、反排木鼓舞（台江县）、鼓龙鼓舞长衫龙（贵定县）、布依族"雯当姆"（荔波县）、瑶族打猎舞（荔波县）、松桃瓦窑四面花鼓（松桃苗族自治县）、莲花十八响（沿河土家族自治县）、苗族板凳舞（安龙县）、彝族撮泰吉（威宁彝族回族苗族自治县）、苗族芦笙技巧舞"滚山珠"（纳雍县）、苗族大迁徙舞（赫章县）、彝族铃铛舞（赫章县）、采月亮（仁怀市）。

9. 民间文学类（3 项）：苗族"刻道"（施秉县）、苗族"古歌古词"神话（黄平县）、苗族古歌与古歌文化（台江县）。

10. 民间知识类（2 项）：千户苗寨建筑工艺（雷山县）、中国水书

——水族信仰记忆纲文化（荔波县）。

11. 戏曲类（8项）：侗戏（黎平县）、思州傩戏傩技（岑巩县）、福泉阳戏（福泉市）、思南花灯（思南县）、德江傩堂戏（德江县）、石阡木偶戏（石阡县）、布依戏（册亨县）、安顺地戏（安顺市）。

12. 民间杂技类（1项）：德江土家舞龙（德江县）。

13. 曲艺类（1项）：布依族八音坐唱（兴义市）。

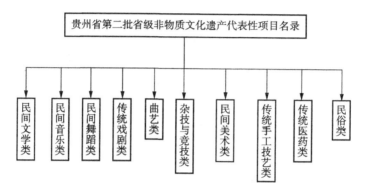

贵州省第二批省级非物质文化遗产代表性项目名录

1. 民间文学类（8项）：苗族神话叙事歌《仰阿莎》（剑河县、黔东南苗族侗族自治州民族文化研究所）、苗族《古歌》（施秉县、普定县、龙里县）、苗族口头经典"贾"（丹寨县、黔东南苗族侗族自治州民族文化研究所）、侗族民间文学《珠郎娘美》（榕江县、从江县）、布依族摩经（贞丰县、关岭布依族苗族自治县）、苗族历法（丹寨县）、苗族民间文学《阿蓉》（榕江县）、布依族口传史诗"布依族盘歌"（六盘水市）。

2. 民间音乐类（24项）：苗族多声部情歌（台江县、剑河县）、苗族飞歌（雷山县）、苗族芒筒芦笙祭祀乐（丹寨县）、侗族大歌（从江县、榕江县）、布依族民歌《好花红》（惠水县）、布依族勒尤（贞丰县、兴义市、镇宁布依族苗族自治县）、侗族河边腔（黎平县）、河边腔苗歌（锦屏县）、十二诗腔苗歌（锦屏县）、侗族歌簦（锦屏县）、土家族打镏子（沿河土家族自治县）、龙灯钹（铜仁市）、布依族婚俗音乐（贞丰县）、薅秧歌（金沙县、遵义市汇川区）、船工号子（思南县、赤水市）、苗族阿江（普定县）、凤冈吹打乐（凤冈县）、黔北打闹歌（余庆县）、布依山歌十八调（贵定县）、绕家呃嘣（都匀市）、高腔大山歌（桐梓县）、仡佬族哭嫁歌（道真仡佬族苗族自治县）、苗族"游方歌"（施秉县）、屯堡山歌（安顺市）。

3. 民间舞蹈类（22项）：苗族铜鼓舞（雷山县）、苗族芦笙舞（雷山县、关岭布依族苗族自治县、凯里市、榕江县、水城县、贵阳市乌当区）、苗族长鼓舞（贵定县）、苗族猴鼓舞（贵阳市花溪区）、毛南族打猴鼓舞（平塘县）、瑶族猴鼓舞（荔波县）、苗族板凳舞（凯里市）、苗族踩鼓舞（镇远县）、土家族摆手舞（沿河土家族自治县）、金钱杆（江口县）、阿妹戚托（晴隆县、兴仁县）、苗族烧灵舞（兴仁县）、彝族酒礼舞（威宁彝族回族苗族自治县）、彝族铃铛舞"恳合呗"（六盘水市钟山区）、苗族花鼓舞（贵阳市乌当区）、卡堡花棍舞（贵阳市乌当区）、矮人舞（余庆县）、响蒿舞（独山县）、苗族夜乐舞（罗甸县）、素朴金钱棍（黔西县）、四桐鼓舞（威宁彝族回族苗族自治县）、仡佬族踩堂舞（遵义县）。

4. 传统戏剧类（9项）：阳戏（天柱县）、文琴戏（黔西县、铜仁市、遵义市、贵阳市乌当区）、花灯戏（普定县、独山县、黔西县、福泉市、贵阳市花溪区、遵义市、余庆县、石阡县、印江土家族苗族自治县）、仡佬族傩戏（道真仡佬族苗族自治县）、黔剧（贵州省黔剧团）、思州喜傩神（岑巩县）、镇远土家族傩戏（镇远县）、蓬莱布依地戏（贵阳市白云区）、马路屯堡地戏（长顺县）。

5. 曲艺类（4项）：嘎百福（剑河县、台江县、榕江县、雷山县）、君琵琶（黎平县）、安顺唱书（安顺市）、水族双歌（三都水族自治县）。

6. 杂技与竞技类（8项）：麻山绝技（望谟县）、布依族高台狮灯（兴义市）、仡佬族高台舞狮（务川仡佬族苗族自治县、道真仡佬族苗族自治县）、寨英滚龙（松桃苗族自治县）、瑶族民间陀螺竞技（荔波县）、仡佬族打蔑鸡蛋（平坝县、道真仡佬族苗族自治县）、苗族射弩（织金县、普定县）、古典戏法（贵州省杂剧团）。

7. 民间美术类（6项）：苗族剪纸（剑河县）、苗族百鸟衣艺术

（丹寨县）、梭嘎箐苗彩染服饰艺术（六盘水市）、石氏面塑（兴仁县）、遵义通草堆画（遵义市）、苗族"嘎闹"支系服饰艺术（丹寨县）。

8. 传统手工技艺类（32项）：苗族织锦（麻江县、雷山县）、苗族泥哨（黄平县）、苗族银饰（黄平县）、侗族鼓楼花桥建造技艺（黎平县）、造林习俗（锦屏县）、侗族鼓楼营造技艺（从江县）、苗族马尾斗笠制作技艺（凯里市）、苗族堆花绣（凯里市）、大方漆器制作技艺（大方县）、屯堡石头建筑技艺（平坝县、安顺市西秀区）、枫香染制作技艺（惠水县、麻江县）、蓝靛染工艺（册亨县、贞丰县、黎平县）、水族石雕（榕江苗族自治县）、土法造纸工艺（三穗县、盘县、惠水县、长顺县）、傩面具制作工艺（德江县）、竹编工艺（三穗县）、木雕工艺（镇远县）、印染工艺（印江苗族自治县）、故央——传统手工水磨制香技艺（安龙县）、窑上古法制陶（贞丰县）、砂陶制作工艺（织金县）、安顺蜡染（安顺市）、高坡苗族银饰制作技艺（贵阳市花溪区）、布依族纸染绣花制作技艺（贵阳市花溪区）、罗吏目布依龙制作技艺（贵阳市花溪区）、绥阳旺草竹编技艺（绥阳县）、长安布依族土布扎染制作技艺（惠水县）、布依族土布制作技艺（关岭布依族苗族自治县）、民间火纸制作技艺（岑巩县）、烟火（金沙县）、董酒酿制技艺（遵义市）、洞藏青酒酿造工艺（镇远县）。

9. 传统医药类（7项）：瑶族医药（从江县）、廖氏化风丹制作技艺（遵义市红花岗区、汇川区）、苗族医药（雷山县、黔东南苗族侗族自治州民族医药研究所）、侗族医药（黔东南苗族侗族自治州民族医药研究所）、布依族防治肝病益肝草秘方（贵定县）、水族医药（三都水族自治县）、同济堂医药文化（贵州同济堂制药有限公司）。

10. 民俗类（82项）：苗族"四月八"（贵阳市）、苗族独木龙舟节（台江县、施秉县）、苗族祭尤节（丹寨县）、河灯节（习水县）、赶苗场（习水县）、谷陇九月芦笙会（黄平县）、布依族丧葬礼俗（贞丰县）、仡佬族婚俗（务川仡佬族苗族自治县）、杜寨布依族丧葬砍牛习俗（贵阳市）、新化舞狮（锦屏县）、仡佬族吃新节（金沙县、平坝县）、土家族过赶年（印江土家族苗族自治县）、下洞祭风神（印江土家族苗族自治县）、余庆龙灯（余庆县）、镇远元宵龙灯会（镇远县）、瑶族服饰（麻江县）、桐梓苗族服饰（桐梓县）、安顺苗族服饰（安顺市西秀区、关岭布依族苗族自治县）、布依族服饰（贞丰县、册亨县）、箐苗服饰（纳雍县）、黔东南苗族服饰（剑河县、台江县、三穗县）、屯堡服饰（平坝县）、榕江侗族服饰（榕江县）、贵阳苗族服饰（贵阳市花溪区、贵阳市乌当区）、摆贝苗族服饰（榕江县）、四十八寨侗族服饰（黎平县）、黄平偅家服饰（黄平县）、偏坡布依族服饰（贵阳市）、水族服饰（三都水族自治县）、土家族婚庆夜筵（岑巩县）、屯堡"抬亭子"（安顺市西秀区）、仡佬族宝王祭拜（务川仡佬族苗族自治

县）、青山界四十八寨歌会（锦屏县）、土家族"八月八"唢呐节（镇远县）、仡佬族丧葬习俗（石阡县）、水族婚礼（三都水族自治县）、平秋重阳鞍瓦（锦屏县）、起房造屋习俗（遵义市）、苗族招龙（雷山县）、仫佬年（麻江县）、彝族婚嫁习俗（盘县）、瑶族隔冬（麻江县）、苗族三月坡（雷山县）、苗族扫寨（雷山县）、苗族吃鼓藏（从江县）、侗族民俗"悄悄年"（石阡县）、凤冈茶饮习俗（凤冈县）、玉屏赶坳（玉屏侗族自治县）、赶社（岑巩县）、彝族年（赫章县）、高坡苗族射背牌（贵阳市花溪区）、苗族跳场（贵阳市花溪区）、化屋苗族文化空间（黔西县）、小广侗族娶亲节（剑河县）、龙螯祭祀（岑巩县）、新场苗族祭天神（都匀市）、"6·24"民族传统节——二郎歌会（福泉市）、布依族"六月六"（关岭布依族苗族自治县、贞丰县）、"划筷奠祖"苗俗（纳雍县）、侗族款约（黎平县）、仡佬族三幺台习俗（道真仡佬族苗族自治县、务川仡佬族苗族自治县）、瑶白摆古（锦屏县）、彝族咪古（毕节地区文化局）、仡佬族吃新祭祖习俗（遵义县）、天柱宗祠文化习俗（天柱县）、苗族采花节（盘县）、大屯三官寨彝族祭祀（毕节市）、说春（石阡县）、水族祭祖（三都水族自治县）、甘囊香苗族芦笙节（凯里市）、畲族凤凰装（麻江县）、苗族苗年（丹寨县、雷山县）、苗族吃新节（雷山县）、苗族跳花节（安顺市）、从江侗族老人节（从江县）、侗族祭萨（黎平县）、都柳江苗族鼓藏节（榕江县）、侗年（锦屏县）、岜沙苗族成人礼（从江县）、侗族北部方言歌会（天柱县）、苗族翻鼓节（丹寨县）、竹王崇拜（镇宁布依族苗族自治县）。

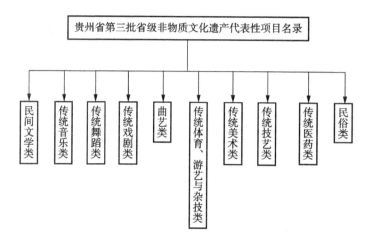

贵州省第三批省级非物质文化遗产代表性项目名录

贵州省第三批省级非物质文化遗产代表性项目名录：民间文学类、传统音乐类、传统舞蹈类、传统戏剧类、曲艺类、传统体育游艺与杂技类、传统美术类、传统技艺类、传统医药类、民俗类

一、新增项目名录

1. 民间文学类（9 项）：《苗族史诗——亚鲁王》（英雄史诗）（紫云苗族布依族自治县）、布依竹筒歌（关岭布依族苗族自治县）、彝族古歌（盘县）、苗族十二路酒歌（施秉县）、苗族民间故事（水城县）、布依族民间故事（望谟县）、金汉列美（黎平县、从江县）、丁郎龙女（榕江县）、布依族叙事诗（望谟县）。

2. 传统音乐类（18 项）：土家族高腔山歌（印江土家族苗族自治县、沿河土家族自治县）、仡佬族情歌（石阡县）、苗族三眼箫音乐艺术（织金县、六枝特区）、彝族《莫蒿甬》（赫章县、六盘水市钟山区）、布依族吹打乐（关岭布依族苗族自治县、惠水县、水城县、兴仁县）、姊妹箫（关岭布依族苗族自治县、长顺县、六枝特区）、侗族哆耶——踩歌堂（黎平县）、侗族芦笙谱（榕江县）、侗族牛腿琴歌（从江县）、苗笛（从江县）、苗族酒礼歌（雷山县）、彝族山歌（盘县）、布依族小打音乐（普安县）、布依勒浪（册亨县、贞丰县）、布依族"谷温"（贞丰县）、布依族十二部古歌（望谟县）、哥蒙芦笙乐（黄平县）、苗族直箫乐（盘县）。

3. 传统舞蹈类（13 项）：瑶族长鼓舞（从江县）、苗族芦笙蹚步舞

（毕节市）、苗族斗脚舞（习水县）、**苗族斗角舞（修文县）、彝族嗨马舞（普安县）、**苗族芦笙棒舞（普安县）、围鼓舞（兴义市）、布依族转场舞（册亨县）、水族铜鼓舞（三都水族自治县）、水族弦鼓舞（三都水族自治县）、苗族斗鸡舞（黔西县）、羊皮鼓舞（盘县）、苗族夫妻舞（平坝县）。

4. **传统戏剧类（3项）：丝弦灯（凤冈县）、仡佬族滚龙戏（正安县）、**端公戏（金沙县）。

5. **曲艺类（2项）：布依族说唱"削肖贯"（望谟县）、围鼓（正安县）。**

6. **传统体育、游艺与杂技类（13项）：傩技——上刀山（松桃苗族自治县）、赛龙舟（铜仁市、镇远县）、赤水独竹漂（赤水市）、长坝狮灯（金沙县）、布依族铁链械（贵阳市花溪区）、抵杠（平坝县）、攀崖技艺（紫云苗族布依族自治县）、苗族武术（麻江县）、游氏武术（赤水市）、布依族棍术（贞丰县）、布依族器乐演奏绝技（平塘县）、民间棋艺（正安县、望谟县）、岩鹰高跷（黄平县）。**

7. **传统美术类（4项）：水族剪纸（都匀市）、布依族刺绣（兴义市、望谟县）、侗族刺绣（锦屏县）、布依族织锦（关岭布依族苗族自治县）。**

8. **传统技艺类（18项）：黄平蜡染（黄平县）、水族（九阡酒）酿酒技艺（三都水族自治县、荔波县）、都匀毛尖茶制作技艺（都匀市）、云雾贡茶手工制作技艺（贵定县）、油茶制作技艺（正安县、玉屏侗族自治县）、西山虫茶制作技艺（息烽县）、苗族酸汤鱼制作技艺（麻江县、凯里市）、独山盐酸菜制作技艺（独山县）、豆制品制作技艺（大方县、习水县）、布依族糯食制作技艺（望谟县、贵定县）、荞酥传统制作技艺（威宁彝族回族苗族自治县）、青岩玫瑰糖制作技艺（贵阳市花溪区）、晒醋制作技艺（赤水市）、龙溪石砚制作技艺（普安县）、鸟笼制作技艺（丹寨县、贞丰县、黔西县）、焰火架制作技艺（印江土家族苗族自治县）、粮仓建造技艺（望谟县）、安顺木雕（安顺市西秀区）。**

9. **传统医药类（2项）：火龙丹（金沙县）、罗氏瘰疮疗法（关岭布依族苗族自治县）。**

10. 民俗类（26项）：布依族服饰（安顺市西秀区、水城县、兴义市）、苗族二月二（黔东南苗族侗族自治州、兴仁县、贞丰县、松桃苗族自治县）、布依族三月三（望谟县、贞丰县、册亨县、开阳县、惠水县）、苗族婚俗（丹寨县、习水县）、侗族婚俗（黎平县、榕江县）、瑶族婚俗（麻江县）、苗族斗牛习俗（施秉县、凯里市、开阳县）、苗族栽岩习俗（榕江县）、苗族卧堆习俗（榕江县）、苗族命名习俗（平坝县）、侗族鼓楼习俗（从江县）、布依族"报笨"习俗（兴义市）、布依族铜鼓习俗（兴仁县）、彝族毕摩习俗（赫章县）、彝族丧葬习俗（金沙县）、记间习俗（黎平县、榕江县）、稻鱼并作习俗（天柱县）、造林习俗（天柱县）、苗族祭桥节（三穗县、台江县、黄平县）、彝族火把节（大方县、赫章县）、求雨祭典（黎平县）、侗族芦笙会（黎平县）、水族敬霞节（三都水族自治县）、清镇瓜灯节（清镇市）、玩水龙（施秉县）、布依族坐夜筵（开阳县）。

二、第一、二批扩展项目名录

1. 民间文学类（4项）：苗族刻道（黄平县）、珠郎娘美（黎平县）、苗族古歌（凯里市、兴仁县）、布依族摩经（兴仁县）。

2. 传统音乐类（3项）：布依族铜鼓乐（关岭布依族苗族自治县）、侗族琵琶歌（从江县）、苗族民歌（苗族飞歌）（剑河县、纳雍县）。

3. 传统舞蹈类（2项）：苗族芦笙舞（罗甸县）、木鼓舞（榕江县）。

4. 传统戏剧类（6项）：花灯戏（贵州省花灯剧团、开阳县、镇远县、金沙县）、傩戏（印江土家族傩戏、荔波布依族傩戏、织金穿青人傩戏、江口傩戏）（印江土家族苗族自治县、荔波县、织金县、江口县）、阳戏（沿河土家族自治县、息烽县、黔西县、罗甸县、开阳县）、地戏（开阳县）、侗戏（榕江县、从江县）、黔剧（安龙县）。

5. 曲艺类（1项）：布依八音（平塘县）。

6. 传统美术类（3项）：苗族剪纸（台江县）、苗绣（黄平县、台江县、紫云苗族布依族自治县、水城县）、苗族织锦（凯里市、台江县）。

7. 传统技艺类（7 项）：皮纸制作技艺（务川仡佬族苗族自治县、印江土家族苗族自治县、安龙县）、竹编技艺（万山特区）、苗族芦笙制作技艺（贵阳市花溪区、丹寨县、凯里市）、苗族蜡染（紫云苗族布依族自治县）、苗族银饰制作技艺（剑河县、关岭布依族苗族自治县、台江县）、砂陶制作技艺（盘县）、布依族土布制作技艺（望谟县）。

8. 民俗类（13 项）：侗年（榕江县）、苗族跳花节（赫章县、大方县、金沙县）、鼓藏节（台江县）、社节（黎平县）、侗族萨玛节（从江县）、仡佬族"吃新节"（六枝特区）、苗族杀鱼节（开阳县）、苗族四月八（息烽县）、布依族六月六（开阳县）、竹王崇拜（紫云苗族布依族自治县）、苗族服饰（习水县、开阳县、修文县、纳雍县、金沙县、黄平县、从江县、凯里市、水城县、兴仁县）、屯堡服饰（平坝县、西秀区）、侗族北部方言歌会（三穗县、锦屏县）。

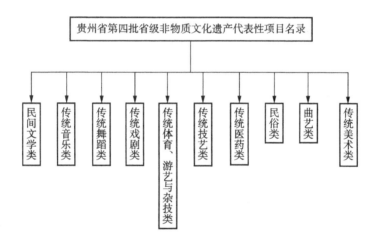

贵州省第四批省级非物质文化遗产代表性项目名录

一、新增项目名录

1. 民间文学类（4 项）：簪汪古歌（清镇市、修文县）、播州杨应龙传说（遵义市汇川区）、布依族浪哨歌（册亨县）、苗族"巴狄熊"口传经典（松桃苗族自治县）。

2. 传统音乐类（11 项）：布依族土歌（贵阳市南明区）、花山布依古歌（紫云苗族布依族自治县）、水族"夺咚"（都匀市）、布依族莫歌（独山县）、侗族笛子歌（黎平县）、注溪山歌（天柱县）、启蒙侗歌（锦屏县）、瓦寨锣鼓（江口县）、薅草锣鼓（石阡县）、普宜乐都莫轰（毕节市七星关区）、苗族山歌（望谟县）。

3. 传统舞蹈类（9项）：布依族铜鼓舞（关岭布依族苗族自治县）、苗族雷公舞（贵定县）、苗族搓梗仔采阿诗舞（瓮安县）、苗族古瓢舞（雷山县）、苗族水鼓舞（剑河县）、踩亲舞（黄平县）、布依竹鼓舞（册亨县）、布依族展稍（望谟县）、布依族板凳龙舞（兴义市）。

4. 传统戏剧类（5项）：马马灯（正安县）、茶灯（松桃苗族自治县）、布依族"丫面"（册亨县）、苗族武教戏（普安县）、灯夹戏（瓮安县）。

5. 传统体育、游艺与杂技类（3项）：土家族高台狮灯（沿河土家族自治县）、布依族武术（安龙县）、温水小手拳（习水县）。

6. 传统技艺类（21项）：雷家豆腐圆子制作技艺（贵阳市云岩区）、民间纸扎技艺（正安县）、墨石雕刻技艺（正安县）、湄潭翠芽茶制作技艺（湄潭县）、"遵义红"茶制作技艺（湄潭县）、湄潭手筑黑茶制作技艺（湄潭县）、空心面制作技艺（绥阳县）、水族银饰制作技艺（都匀市）、水族豆浆染制作技艺（三都水族自治县）、苗族谷蔺布制作技艺（惠水县）、苗族古瓢琴制作技艺（雷山县）、天柱宗祠浮雕彩绘技艺（天柱县）、道菜制作工艺（镇远县）、煨酒酿造技艺（从江县）、石阡苔茶制作技艺（石阡县）、土家熬熬茶制作技艺（德江县）、花烛制作技艺（思南县）、金沙酱香型白酒酿造技艺（金沙县）、清池贡茶制作技艺（金沙县）、彝族彩布贴花（水城县）、古方红糖制作工艺（兴义市）。

7. 传统医药类（4项）：遵义王氏中医推拿（遵义市）、胡三帖（贵定县）、半枫荷熏浴疗法（凯里市）、黔西王氏食疗医药（黔西县）。

8. 民俗类（18项）：龙泉推推灯（凤冈县）、铁水冲龙（普定县）、苗族跳洞——数邑（龙里县）、草塘火龙（瓮安县）、水族历法（三都水族自治县）、苗族舞龙嘘花习俗（台江县）、圣德山歌节（三穗县）、巴冶土王戊（三穗县）、壮年（从江县）、瑶族度戒（从江县）、瑶族嫁郎（从江县）、羌历年（江口县）、布依族婚俗（册亨县、贞丰县）、庆坛（晴隆县）、布依族二月二铜鼓节（兴仁县）、布依族火箭节（兴仁县）、彝族服饰（赫章县）、苗族祭鼓节（清镇市）。

二、扩展项目名录

1. 民间文学类（1项）：布依族摩经（册亨县、望谟县）。

2. 传统音乐类（7项）：高腔大山歌（正安县）、侗族牛腿琴歌（黎平县）、苗族民歌（苗族飞歌）（台江县）、苗族多声部情歌（黄平县）、布依族铜鼓乐（六枝特区）、布依族勒尤（册亨县）、布依族小打音乐（晴隆县）。

3. 传统舞蹈类（2项）：苗族板凳舞（黄平县）、金钱棍（岑巩县）。

4. 传统戏剧类（4项）：花灯戏（息烽县、沿河土家族自治县）、阳戏（正安县）、傩戏（湄潭县、石阡县、纳雍县）、地戏（关岭布依族苗族自治县）。

5. 传统体育、游艺与杂技类（3项）：苗族武术（剑河县、松桃苗族自治县）、赛龙舟（沿河土家族自治县）、布依族高台狮灯（贞丰县、册亨县）。

6. 传统技艺类（10项）：竹编工艺（赤水市）、苗族蜡染（平坝县、纳雍县、织金县）、水族石雕（荔波县）、苗族银饰锻制技艺（丹寨县）、豆制品制作技艺（江口县）、印染工艺（石阡县）、砂陶制作工艺（印江土家族苗族自治县）、布依族土布制作技艺（册亨县）、蓝靛靛染工艺（望谟县）、布依族糯食制作技艺（贞丰县）。

7. 传统医药类（1项）：苗医药（骨髓骨伤药膏）（麻江县）。

8. 民俗类：苗族跳场（贵阳市乌当区）、苗族服饰（清镇市、息烽县、龙里县、贞丰县、晴隆县、普安县）、苗族跳花节（绥阳县、兴仁县）、水书习俗（榕江县）、苗族招龙（榕江县、剑河县）、月也（榕江县、从江县）、苗族姊妹节（剑河县）、彝族婚嫁习俗（赫章县）、苗族芦笙节（从江县）、苗族翻鼓节（凯里市）、仡佬族吃新节（务川仡佬族苗族自治县)、苗族婚俗(贞丰县)。

9. 曲艺类(2 项):君琵琶(榕江县)、布依八音(册亨县)。

10. 传统美术类(4 项):苗族剪纸(施秉县)、侗族刺绣(镇远县)、苗绣(丹寨县、松桃苗族自治县)、布依族刺绣(册亨县)。

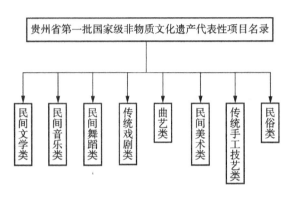

贵州省第一批国家级非物质文化遗产代表性项目名录

1. 民间文学类(2 项):苗族古歌(台江县、黄平县)、苗族刻道(施秉县)。

2. 民间音乐类(3 项):侗族大歌(黎平县)、侗族琵琶歌(榕江县、黎平县)、铜鼓十二调(镇宁布依族苗族自治县、贞丰县)。

3. 民间舞蹈类(2 项):苗族芦笙舞(丹寨县、贵定县、纳雍县)、木鼓舞(台江县)。

4. 传统戏剧类(7 项):花灯戏(思南县)、侗戏(黎平县)、布依戏(册亨县)、彝族撮泰吉(威宁彝族回族苗族自治县)、傩戏(德江县)、安顺地戏(安顺市)、石阡木偶戏(石阡县)。

5. 曲艺类(1 项):布依族八音坐唱(兴义市)。

6. 民间美术类(2 项):苗绣(雷山县、贵阳市花溪区、剑河县)、水族马尾绣(三都水族自治县)。

7. 传统手工技艺类(7 项):苗族蜡染技艺(丹寨县)、苗寨吊脚楼营造技艺(雷山县)、苗族芦笙制作技艺(雷山县)、玉屏箫笛制作技艺(玉屏侗族自治县)、苗族银饰锻制技艺(雷山县)、茅台酒酿制技艺(贵州省)、皮纸制作技艺(贵阳市、贞丰县、丹寨县)。

8. 民俗类（7项）：苗族鼓藏节（雷山县）、水族端节（三都水族自治县）、布依族查白歌节（贵州省）、苗族姊妹节（台江县）、侗族萨玛节（榕江县）、仡佬毛龙节（石阡县）、水书习俗（黔南布依族苗族自治州）。

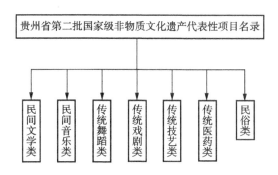

贵州省第二批国家级非物质文化遗产代表性项目名录

一、新增项目名录

1. 民间文学类（4项）：仰阿莎（黔东南苗族侗族自治州）、布依族盘歌（盘县）、珠郎娘美（榕江县、从江县）、苗族贾理（黔东南苗族侗族自治州）。

2. 民间音乐类（4项）：苗族民歌（雷山县"苗族飞歌"）、布依族民歌（惠水县"好花红调"）、芦笙音乐（丹寨县"苗族芒筒芦笙"）、布依族勒尤（贞丰县、兴义市、镇宁布依族苗族自治县）。

3. 传统舞蹈类（3项）：毛南族打猴鼓舞（平塘县）、瑶族猴鼓舞（荔波县）、彝族铃铛舞（赫章县）。

4. 传统戏剧类（1项）：黔剧（贵州省黔剧团）。

5. 传统技艺类（4项）：建水紫陶烧制技艺（平塘县）、苗族织锦技艺（麻江县、雷山县）、枫香印染技艺（惠水县、麻江县）、彝族漆器髹饰技艺（大方县）。

6. 传统医药类（4项）：传统中医药文化（贵州省同济堂制药有限公司"同济堂传统中药文化"）、瑶族医药（从江县"药浴疗法"）、苗医药（雷山县"骨伤蛇伤疗法"、黔东南苗族侗族自治州"九节茶药制作工艺")、侗医药（黔东南苗族侗族自治州"过路黄药制作工艺"）。

7. 民俗类（3项）：苗族独木龙舟节（台江县）、苗族跳花节（安顺市）、苗年（丹寨县、雷山县）。

二、第一批国家级非物质文化遗产扩展项目名录

1. 传统音乐类（2项）：侗族大歌（从江县、榕江县）、多声部民歌（台江县、剑河县"苗族多声部民歌"）。

2. 传统舞蹈类（3项）：狮舞（兴义市"布依族高台狮灯舞"）、苗族芦笙舞（雷山县、关岭布依族苗族自治县、榕江县、水城县）、铜鼓舞（雷山县"雷山苗族铜鼓舞"）。

3. 传统戏剧类（2项）：花灯戏（独山县）、傩戏（道真仡佬族苗族自治县"仡佬族傩戏"）。

4. 传统美术类（3项）：剪纸（剑河县"苗族剪纸"）、苗绣（凯里市）、泥塑（黄平县"苗族泥哨"）。

5. 传统技艺类（3项）：蜡染技艺（安顺市）、侗族木构建筑营造技艺（黎平县、从江县）、银饰制作技艺（黄平县"苗族银饰制作技艺"）。

6. 传统医药类（1项）：中医传统制剂方法（遵义市红花岗区、汇川区"廖氏化风丹制作技艺"）。

7. 民俗类（2项）：侗族萨玛节（黎平县）、苗族服饰（桐梓县、安顺市西秀区、关岭布依族苗族自治县、纳雍县、剑河县、台江县、榕江县、六枝特区、丹寨县）。

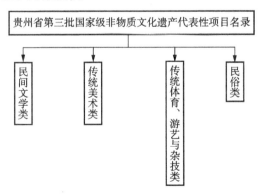

贵州省第三批国家级非物质文化遗产代表性项目名录

一、新增项目名录

1. 民间文学类（1项）：《亚鲁王》（紫云苗族布依族自治县）。

2. 传统美术类（1项）：侗族刺绣（锦屏县）。

3. 传统体育、游艺与杂技类（1项）：赛龙舟（铜仁市、镇远县）。

4. 民俗类（5项）：布依族"三月三"（贞丰县、望谟县）、侗年（榕江县）、歌会（天柱县"四十八寨歌节"）、月也（黎平县）、苗族栽岩习俗（榕江县）。

二、第二批国家级非物质文化遗产扩展项目名录

1. 传统音乐类（3项）：侗族琵琶歌（从江县）、苗族民歌（剑河县"苗族飞歌"）、彝族民歌（盘县"彝族山歌"）。

2. 传统戏剧类（2项）：花灯剧（贵州省花灯剧团）、傩戏（荔波县"荔波布依族傩戏"）。

3. 传统美术类（1项）：苗绣（台江县）。

4. 传统技艺类（4项）：蜡染技艺（黄平县"黄平蜡染技艺"）、银饰锻制技艺（剑河县、台江县"苗族银饰锻制技艺"）、苗族织锦技艺（台江县、凯里市）、民族乐器制作技艺（凯里市"苗族芦笙制作技艺"）。

5. 民俗类（2项）：火把节（赫章县"彝族火把节"）、农历二十四节气（石阡县"石阡说春"）。

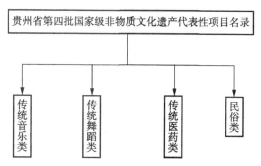

贵州省第四批国家级非物质文化遗产代表性项目名录

一、新增项目名录

1. 传统音乐类（1项）：土家族民歌（沿河土家族自治县）。

2. 传统舞蹈类（2项）：阿妹戚托（晴隆县）、布依族转场舞（册亨县）。

3. 传统医药类（1项）：布依族医药（贵定县"益肝草制作技艺"）。

4. 民俗类（3项）：仡佬族三幺台习俗（道真仡佬族苗族自治县）、布依族服饰（贵州省）、侗族服饰（黔东南苗族侗族自治州）。

二、第三批国家级非物质文化遗产扩展项目名录

1. 传统舞蹈类（1项）：苗族芦笙舞（普安县）。

2. 传统戏剧类（1项）：傩戏（金沙县"庆坛"）。

3. 传统美术类（1项）：剪纸（黔南布依族苗族自治州"水族剪纸"）。

4. 传统技艺类（1项）：都匀毛尖茶制作技艺（都匀市）。

5. 民俗类（4项）：三月三（镇远县"报京三月三"）、苗族鼓藏节（榕江县）、民间信俗（安顺市西秀区"屯堡抬亭子"）、规约习俗（黎平县"侗族款约"）。

附录2

贵州省500个民族地区贫困乡镇扶持推进计划

一、遵义市（30个）

1. 正安县（2个）：市坪民族乡、谢坝民族乡。

2. 务川仡佬族苗族自治县（15个）：涪洋镇、石朝乡、红丝乡、砚山镇、分水乡、黄都镇、蕉坝乡、镇南镇、大坪镇、柏村镇、濯水镇、都濡镇、泥高乡、丰乐镇、茅天镇。

3. 道真仡佬族苗族自治县（13个）：河口乡、平模镇、棕坪乡、桃源乡、三江镇、隆兴镇、大矸镇、阳溪镇、上坝民族乡、三桥镇、旧城镇、忠信镇、洛龙镇。

二、六盘水市（29个）

1. 水城县（14个）：坪寨民族乡、青林民族乡、红岩民族乡、花戛民族乡、野钟民族乡、金盆民族乡、南开民族乡、龙场民族乡、猴场民族乡、营盘民族乡、比德民族乡、果布戛民族乡、顺场民族乡、木果民族乡。

2. 六枝特区（8个）：梭戛民族乡、箐口民族乡、牛场民族乡、毛口民族乡、陇脚民族乡、洒志民族乡、落别民族乡、中寨民族乡。

3. 盘县（7个）保基民族乡、马场民族乡、四格民族乡、普古民族乡、普田民族乡、坪地民族乡、旧营民族乡。

三、安顺市（35个）

1. 普定县（4个）：猴场民族乡、坪上民族乡、补郎苗族乡、猫洞民族乡。

2. 镇宁布依族苗族自治县（10个）：简嘎乡、革利乡、扁担山乡、沙子乡、本寨乡、良田乡、打帮乡、六马乡、朵卜陇乡、马厂乡。

3. 关岭布依族苗族自治县（10个）：顶云镇、普利乡、新铺乡、板贵乡、岗乌镇、上关镇、八德乡、坡贡镇、断桥镇、沙营乡。

4. 紫云苗族布依族自治县（11个）：四大寨乡、大营乡、宗地乡、板当镇、水塘镇、猴场镇、白石岩乡、火花乡、达帮乡、坝羊、猫营镇。

四、黔东南苗族侗族自治州（99个）

1. 凯里市（2个）：湾溪街道、洗马河街道。

2. 丹寨县（2个）：雅灰乡、长青乡。

3. 麻江县（1个）：景阳民族乡。

4. 黄平县（5个）：翁坪乡、重兴乡、纸房乡、黄飘乡、一碗水乡。

5. 施秉县（3个）：马溪乡、甘溪乡、马号乡。

6. 镇远县（3个）：尚寨民族乡、报京乡、涌溪乡。

7. 岑巩县（6个）：天星乡、客楼乡、平庄乡、大有乡、凯本乡、水尾镇。

8. 三穗县（7个）：良上乡、款场乡、雪洞镇、滚马乡、台烈镇、瓦寨镇、桐林镇。

9. 天柱县（3个）：地湖乡、注溪乡、竹林乡。

10. 锦屏县（14个）：茅坪镇、彦洞乡、固本乡、偶里乡、隆里乡、钟灵乡、大同乡、河口乡、平秋镇、平略镇、三江镇、新化乡、启蒙镇、铜鼓镇。

11. 黎平县（18个）：顺化民族乡、德化乡、大稼乡、孟彦镇、雷洞民族乡、平寨乡、岩洞镇、双江乡、口江乡、敖市镇、坝寨乡、德顺乡、永从乡、肇兴乡、罗里乡、尚重镇、龙额乡、地坪乡。

12. 从江县（11个）：光辉乡、加勉乡、加榜乡、秀塘民族乡、加鸠乡、刚边民族乡、庆云乡、东朗乡、斗里乡、翠里民族乡、高增乡。

13. 榕江县（10个）：水尾民族乡、定威民族乡、两汪乡、平阳乡、仁里民族乡、兴华民族乡、三江民族乡、塔石民族乡、崇义乡、栽麻乡。

14. 雷山县（7个）：方祥乡、桃江乡、郎德镇、达地民族乡、大塘乡、望丰乡、西江镇。

15. 台江县（4个）：排羊乡、方召乡、台盘乡、革一乡。

16. 剑河县（3个）：观么乡、南寨乡、久仰乡。

五、黔南布依族苗族自治州（59个）

1. 福泉市（5个）：仙桥乡、岔河乡、谷汪乡、兴隆乡、藜山乡。

2. 贵定县（3个）：新铺乡、岩下乡、马场河乡。

3. 龙里县（4个）：摆省乡、草原乡、湾寨乡、哪嗙乡。

4. 惠水县（5个）：抵麻乡、甲烈乡、大坝乡、长安乡、好花红乡。

5. 长顺县（11个）：敦操乡、交麻乡、睦化乡、营盘乡、摆所镇、摆塘乡、中坝乡、种获乡、威远镇、鼓杨镇、代化镇。

6. 独山县（9个）：翁台民族乡、水岩乡、董岭乡、黄后乡、甲定民族乡、本寨民族乡、打羊乡、尧棒乡、甲里镇。

7. 三都水族自治县（2个）：扬拱乡、打鱼乡。

8. 荔波县（4个）：永康民族乡、瑶山民族乡、翁昂乡、水利民族乡。

9. 平塘县（10个）：新塘乡、西凉乡、鼠场乡、大塘镇、四寨镇、掌布乡、谷硐乡、卡蒲民族乡、塘边镇、摆茹镇。

10. 罗甸县（6个）：栗木乡、班仁乡、大亭乡、凤亭乡、罗妥乡、纳坪乡。

六、黔西南布依族苗族自治州（76个）

1. 兴仁县（7个）：田湾乡、民建乡、新马场乡、回龙镇、李关乡、大山乡、百德镇。

2. 安龙县（11个）：坡脚乡、洒雨镇、笃山乡、平乐乡、兴隆镇、万峰湖镇、戈塘镇、普坪镇、钱相乡、龙山镇、海子乡。

3. 贞丰县（5个）：沙坪乡、鲁容乡、白层镇、连环乡、鲁贡镇。

4. 普安县（11个）：白沙乡、罗汉乡、罐子窑镇、窝沿乡、高棉乡、地瓜镇、新店乡、龙吟镇、三板桥镇、江西坡镇、青山镇。

5. 晴隆县（12个）：三宝民族乡、大田乡、紫马乡、马场乡、安谷乡、长流乡、中营镇、鸡场镇、碧痕镇、大厂镇、花贡镇、光照镇。

6. 册亨县（14个）：威旁乡、达秧乡、百口乡、坡妹镇、冗渡镇、庆坪乡、丫他镇、弼佑乡、巧马镇、八渡镇、双江镇、岩架镇、秧坝镇、者楼镇。

7. 望谟县（16个）：打尖乡、邑绕乡、坎边乡、麻山乡、郊纳乡、油迈民族乡、石屯镇、昂武乡、大观乡、蔗香乡、纳夜镇、乐旺镇、新屯镇、乐元镇、打易镇、桑郎镇。

七、毕节地区① （67个）

1. 毕节市（5个）：阴底民族乡、阿市民族乡、千溪民族乡、大屯民族乡、田坎民族乡。

2. 大方县（7个）：星宿民族乡、兴隆民族乡、牛场民族乡、鼎新民族乡、核桃民族乡、沙厂民族乡、竹园民族乡。

3. 黔西县（3个）：金坡民族乡、中建民族乡、新仁民族乡。

4. 织金县（5个）：自强民族乡、鸡场民族乡、大平民族乡、后寨民族乡、茶店民族乡。

---

① 2011年底撤销毕节地区和县级毕节市，设立地级毕节市。而本文件是2011年3月发布的。

5. 纳雍县（10个）：羊场民族乡、猪场民族乡、锅圈岩民族乡、董地民族乡、姑开民族乡、左鸠嘎民族乡、昆寨民族乡、化作民族乡、新房民族乡、库东关民族乡。

6. 威宁彝族回族苗族自治县（27个）：猴场镇、龙场镇、新发民族乡、海拉乡、盐仓镇、观风海镇、双龙乡、幺站镇、大街乡、黑土河乡、哈喇河乡、黑石头镇、东风镇、板底乡、秀水乡、炉山镇、羊街镇、金钟镇、小海镇、岔河乡、哲觉镇、兔街乡、中水镇、麻乍乡、金斗乡、石门乡、迤那镇。

7. 赫章县（10个）：兴发民族乡、松林民族乡、辅处民族乡、双坪民族乡、铁匠民族乡、珠市民族乡、水塘堡民族乡、结构民族乡、河镇民族乡、古达民族乡。

八、铜仁地区^①（105个）

1. 铜仁市（3个）：六龙山民族乡、和平民族乡、桐木坪民族乡。

2. 松桃苗族自治县（26个）：沙坝乡、瓦溪乡、盘石镇、长坪乡、木树乡、大路乡、四昌乡、九江乡、冷水溪乡、黄板乡、石良乡、永安乡、迓驾镇、正大乡、盘信镇、长兴镇、牛郎镇、妙隘乡、太平乡、大坪场镇、甘龙镇、普觉镇、平头乡、孟溪镇、寨英镇、乌罗镇。

3. 万山特区（3个）：敖寨民族乡、下溪民族乡、黄道民族乡。

4. 江口县（7个）：官和民族乡、怒溪民族乡、桃映民族乡、民和民族乡、德旺民族乡、坝盘民族乡、太平民族乡。

5. 石阡县（9个）：坪地场民族乡、甘溪民族乡、枫香民族乡、青阳民族乡、坪山民族乡、大沙坝民族乡、聚凤民族乡、龙井民族乡、石固民族乡。

6. 印江土家族苗族自治县（14个）：中坝乡、杉树乡、朗溪镇、沙子坡镇、刀坝乡、天堂镇、板溪镇、新寨乡、新业乡、合水镇、永义乡、缠溪镇、杨柳乡、罗场乡。

① 2011年10月撤销铜仁地区设立地级铜仁市。

7. 思南县（14 个）：胡家湾民族乡、杨家坳民族乡、大河坝民族乡、宽坪民族乡、亭子坝民族乡、天桥民族乡、兴隆民族乡、三道水民族乡、枫芸民族乡、东华民族乡、板桥民族乡、思林民族乡、香坝民族乡、长坝民族乡。

8. 德江县（14 个）：桶井民族乡、长堡民族乡、高山民族乡、泉口民族乡、荆角民族乡、长丰民族乡、共和民族乡、沙溪民族乡、堰塘民族乡、楠杆民族乡、平原民族乡、合兴民族乡、龙泉民族乡、钱家民族乡。

9. 沿河土家族自治县（15 个）：夹石镇、思渠镇、中寨乡、板场乡、官舟镇、甘溪乡、沙子镇、淇滩镇、黑水乡、塘坝乡、土地坳镇、泉坝乡、黑獭乡、晓景乡、中界乡。

附录3

贵州省500个特色民族文化
村寨建设推进计划

一、贵阳市（60个）

1. 南明区（3项）：永乐乡罗吏村、小碧乡秦琪村、小碧乡大地村。

2. 花溪区（10项）：湖潮乡新民村、湖潮乡汤庄村、马铃乡马铃村、马铃乡谷增村、孟关乡沙坡村、黔陶乡黔陶村、高坡乡扰绕村、高坡乡云顶村、贵筑办事处尖山村、党武乡摆门村。

3. 乌当区（9项）：偏坡乡下院村、新堡乡王岗村、新堡乡大寨村、新堡乡陇上村、羊昌镇黄连村、新场乡王坝村、水田镇竹林村、百宜乡拐吉村、百宜乡罗广村。

4. 白云区（7项）：牛场乡瓦窑村、牛场乡蓬莱村、牛场乡阿所村、都拉乡上水村、都拉乡都溪村、沙文镇金甲村、麦架镇青山村。

5. 小河区（2项）：三江办事处王宽村、金筑办事处金山村。

6. 清镇市（10项）：红枫湖镇大冲村上寨组、红枫湖镇中坝村、红枫湖镇平寨村平寨组、红枫湖镇大冲村毛家井组、红枫湖镇大冲村下寨组、红枫湖镇平寨村黑土组、麦格乡麦格村、青龙办事处扁坡村、青龙办事处平原哨村、流长乡腰岩村。

7. 息烽县（5项）：青山乡冗坝村、青山乡大林村、石硐乡石硐村、小寨坝镇亲戚寨村、永靖镇安马村。

8. 开阳县（9项）：南江乡龙广村、南江乡双塘村、南江乡南江村、南江乡苗寨村、禾丰乡川洞村、禾丰乡王车村、禾丰乡长红村、高寨乡牌坊村、高寨乡平寨村。

9. 修文县（5项）：大石乡大石村、大石乡高山村、大石乡竹坪村、久长镇下堡村、六屯乡独山村。

二、遵义市（58个）

1. 红花冈区（3项）：金鼎镇岩塘村、金鼎镇莲池村、忠庄镇马坎村。

2. 汇川区（3项）：板桥镇长田村、泗渡镇麻沟村、高坪镇海龙屯村。

3. 仁怀市（4项）：鲁班镇生界村、后山乡白云村、茅坝镇安良村、长岗镇小山头村。

4. 赤水市（3项）：大同镇民族村、葫市镇天堂村、元厚镇石梅村。

5. 遵义县（6项）：平正乡红心村、平正乡合心村、洪关乡小坝场村、洪关乡堰心村、洪关乡联合村、平正乡共心村。

6. 桐梓县（4项）：马宗乡龙台村、马宗乡中岭村、马宗乡中岗村、九坝镇水河村。

7. 习水县（6项）：桑木镇土河村、东皇镇大坝村菜籽湾组、良村镇良村干溪寨、良村镇良村黄木水组、温水镇目里村、东皇镇大坝村关地组。

8. 湄潭县（3项）：茅坪镇地关村、茅坪镇桂花村、复兴镇湄江湖村。

9. 凤冈县（4项）：绥阳镇玛瑙村、琊川镇余粮村、永安镇龙山村、新建乡新建社区。

10. 余庆县（4项）：花山乡花山村、花山乡万里村、凉风镇凉风村、龙家镇兴坪村。

11. 绥阳县（3项）：洋川镇东山村、太白镇太坪村、枧坝镇尖山村。

12. 正安县（5 项）：市坪乡市坪村、俭坪乡俭坪村、谢坝乡上观村、凤仪镇田生村、安场镇石井村。

13. 务川仡佬族苗族自治县（5 项）：大坪镇龙潭村、丰乐镇庙坝村、泥高乡栗园村、浞水镇鹿池村、镇南镇桃符村。

14. 道真仡佬族苗族自治县（5 项）：旧城镇旧城村、玉溪镇桑木坝村、洛龙镇洛龙村、三桥镇桥塘村、上坝乡八一村。

三、六盘水市（42 个）

1. 水城县（19 项）：鸡场乡上营村、纸厂乡新发村、花戛乡天门村、猴场乡补那村、陡箐乡茨冲村、南开乡新寨村、花戛乡欧场村、花戛乡花水村、陡箐乡陡箐村、金盆乡棋林村、杨梅乡五星村、果布戛乡大寨村、新街乡二台村、猴场乡格支村、龙场乡期戛村、青林乡海发村、南开乡偏坡村、营盘乡高峰村、营盘乡鸡戏村。

2. 六枝特区（9 项）：梭戛乡高兴村、箐口乡下麻翁村、落别乡底耳村、毛口乡西陵村、洒志乡跳花坡村、牛场乡箐脚村、中寨乡小补王村、陇脚乡补雨村、折溪乡隆茂村。

3. 钟山区（3 项）：月照乡马坝村、大湾镇大箐村、汪家寨镇新华村。

4. 盘县（11 项）：松河乡松林村、坪地乡箐口村、淤泥乡嘛啷垤村、鸡场坪乡新村、普古乡天桥村、保基乡陆家寨村、旧营乡旧营村、马场乡滑石板村、羊场乡赶场坡村、四格乡大寨村、普田乡大木桥村。

四、安顺市（47 个）

1. 西秀区（7 项）：黄腊乡打寨村、新场乡凤山村、龙宫镇六万村、鸡场乡四方井村、杨武乡猛帮村、岩腊乡坛房村、东关办事处牛角洞村。

2. 平坝县（3 项）：白云镇芒种村路家庄组、城关镇大硐村、天龙镇雷家硐村。

3. 普定县（5 项）：化处镇白果村、城关镇柴新村、白岩镇双坑村、龙场乡磨雄村、白岩镇新寨村。

4. 镇宁布依族苗族自治县（8项）：募役乡泡桐村、江龙镇司丁村、六马乡板阳村、扁担山乡红运村、城关镇五里坪村、马厂乡马厂村、沙子乡罗凹村、江龙镇干坝村。

5. 关岭布依族苗族自治县（8项）：关索镇龙潭村、断桥镇简桃村、顶云乡上发村、断桥镇坡舟村、上关镇向阳村、八德乡大林村、永宁镇白岩村、岗乌镇中心村。

6. 紫云苗族布依族自治县（10项）：水塘镇二关村、坝羊乡红院村、大营乡三河村、四大寨乡噜嘎村、达邦乡新合村、猴场镇打哈村、火花乡乐坪村、板当镇沙坝村、坝羊乡大坡村、松山镇杆桥村。

7. 经济技术开发区（3项）：幺铺镇尚兴村、幺铺镇石板村、幺铺镇歪寨村。

8. 黄果树风景名胜区（3项）：黄果树镇石头寨村、黄果树镇王安村、白水镇郎宫村。

五、黔东南苗族侗族自治州（64个）

1. 凯里市（1项）：三棵树镇季刀村。

2. 丹寨县（4项）：杨武乡老八村、龙泉镇卡拉村、杨武乡排廷村、排调镇麻鸟村。

3. 麻江县（1项）：龙山乡河坝村。

4. 黄平县（4项）：旧州镇寨碧村、重兴乡枫香村、谷陇镇山坪村、黄飘乡苗猫村。

5. 施秉县（4项）：双井镇龙塘村、城关镇云台村、城关镇中沙村菜花组、杨柳塘镇屯上村。

6. 镇远县（4项）：报京乡报京村大寨组、金堡乡爱河村、涌溪乡芽溪村嘎网组、尚寨乡丰收村苗屯组。

7. 岑巩县（4项）：注溪乡六部屯村、羊桥乡杨柳村、大有乡木召村、平庄乡平庄村。

8. 三穗县（4项）：桐林镇寨里村、台烈镇颇洞村、良上乡中坪村、款场乡龙脚村。

9. 天柱县（5 项）：石洞镇高屯村、注溪乡上注溪村、坌处镇三门塘村、坌处镇抱塘村、江东乡江东村。

10. 锦屏县（5 项）：河口乡文斗村、平略镇留纪村、彦洞乡瑶百村、敦寨镇亮司村、河口乡韶蔼村。

11. 黎平县（5 项）：岩洞镇述洞村、尚重乡宰蒙村、龙额乡六甲村、永从乡中罗村、洪州镇平架村。

12. 从江县（5 项）：翠里乡高华村、谷坪乡银潭村、高增乡占里村、往洞乡增冲村、东郎乡东郎村。

13. 榕江县（5 项）：乐里镇保里村、宰麻乡宰荡村、平阳乡小丹江村、两汪乡空申村、三江乡四格村。

14. 雷山县（4 项）：永乐镇高庄村、西江镇干荣村、西江镇乌高村、方祥乡格头村。

15. 台江县（4 项）：南宫乡交宫村、革一乡后哨村、台拱镇红阳村、台盘乡龙井村。

16. 剑河县（5 项）：革东镇大稿午村、南明镇凯寨村、盘溪乡前锋村、岑松镇温泉村、太拥乡昂英村。

六、黔南布依族苗族自治州（59 个）

1. 都匀市（2 项）：沙寨乡新蒙村、王司镇新场村。

2. 福泉市（5 项）：黎山乡罗坳村、仙桥乡大花水村、黄丝镇黄丝村、龙昌镇龙井村、陆坪镇凤凰村。

3. 瓮安县（4 项）：木引槽乡毛沙坪村、猴场镇迎宾村、铜锣乡桂花坪村、白沙乡保护村。

4. 贵定县（4 项）：旧治镇猛安村、洛北河乡长江村、盘江镇音寨村、新铺乡四寨镇村。

5. 龙里县（4 项）：巴江乡平坡村、羊场镇走马村、草原乡幸福村、哪旁乡石板滩村。

6. 惠水县（5 项）：甲戎乡青河村、好花红乡好花红村、和平镇大新村、大龙乡九龙村、雅水镇播谭村。

7. 长顺县（5项）：长寨镇竹子托村、交麻乡交麻村、中坝乡茅山村、白云山镇中院村、威远镇永增村。

8. 独山县（5项）：羊凤乡桥头村、城关镇奇山村、打羊乡拉力村、兔场镇翁奇村、基长镇阳地村。

9. 三都水族自治县（5项）：交梨乡高硐村、普安镇建华村、中和镇姑引村、九阡镇水各村、三合镇姑挂村。

10. 荔波县（7项）：水利乡水利村、驾欧乡新街村、翁昂乡拉内村、玉屏镇时来村、玉屏镇水甫村、瑶麓乡瑶麓村、朝阳镇板麦村。

11. 平塘县（6项）：大塘镇新场村、谷硐乡翁片村、新塘乡新营村、卡蒲乡河中村、卡蒲乡场河村、者密镇河头村。

12. 罗甸县（4项）：木引乡冗林村、董当乡大井村、纳坪乡翁传村、板庚乡板庚村。

13. 都匀开发区（3项）：洛邦镇马场村、洛邦镇绕河村、大坪镇联芒村。

七、黔西南布依族苗族自治州（58个）

1. 兴义市（6项）：巴结镇南龙村、丰都办普子村、洛万乡洛万村、万屯镇阿红村、乌沙镇普梯村、郑屯镇民族村。

2. 兴仁县（8项）：百德镇围塘村、下山镇民族村、大山乡大野场村、鲁础营乡鲁础营村、民建乡新房子村、潘家庄镇鸡场坪村、屯脚镇铜鼓村、新马场乡云上村。

3. 安龙县（7项）：德卧镇毛杉树村、普坪镇胡巷村、万峰湖镇坝盘村、新安镇么塘村、新安镇海庄村、新桥镇巧烂村、兴隆镇排冗村。

4. 贞丰县（7项）：珉谷镇岩鱼村、白层镇纳笑村、北盘江镇者颡村、长田乡金叶新村、龙场镇对门山村、者相镇董箐村、者相镇纳孔村。

5. 普安县（7项）：白沙乡红寨村、罐子窑镇辣子树村、江西坡镇联盟村、江西坡镇细寨村、楼下镇补者村、窝沿乡官田村、雪浦乡哈马村。

6. 晴隆县（7项）：碧痕镇新坪村、光照镇东方红村、光照镇规模村、三宝乡三宝村、沙子镇保家村、中营镇新民村、中营镇新红村。

7. 册亨县（7项）：弼佑乡秧佑村、冗度镇冗度村、威旁乡大寨村、丫他镇板万村、岩架镇板弄村、者楼镇红旗村、者楼镇羊场村。

8. 望谟县（8项）：复兴镇第四村、复兴镇第五村、麻山乡前锋村、桑郎镇桑郎村、新屯镇新屯村、新屯镇纳林村、油迈乡油迈村、庶香乡移民新村。

9. 顶效经济开发区（1项）：顶效开发区楼纳村。

八、毕节地区（54个）

1. 毕节市（6项）：阿市乡安然村、长春镇干堰村、梨树镇上小河村、大屯乡三官村、大新桥乡小河村、燕子口乡一心村。

2. 大方县（9项）：响水乡青山村、兴隆乡菱角村、兴隆乡上坝村、八堡乡天宝村、八堡乡水洞村、八堡乡复兴村、竹园乡海马宫村、核桃乡核桃村、长石镇聚山村。

3. 黔西县（5项）：绿化乡大海子村、钟山乡猫山村、五里乡中心村、素朴乡屯江村、协和乡仡佬村。

4. 金沙县（4项）：安洛乡大贤村、高坪乡联合村、马路乡金龙村、岩孔镇上山村。

5. 织金县（6项）：阿弓镇化董村、大平乡群建村、官寨乡大寨村、三甲乡木里村、三塘镇松树坪村、黑土乡团结村。

6. 纳雍县（6项）：雍熙镇沙锅寨村、沙包乡安乐村、厍东关乡李子村、化作乡治安村、猪场乡弯子村、老凹坝乡果基盖村。

7. 威宁彝族回族苗族自治县（10项）：新发乡花园村、板底乡板底村、云贵乡马街村、龙街镇大寨村、牛棚镇新山村、麻乍乡箐岩村、秀水乡前丰村、双龙乡江林村、大街乡坪上村、草海镇石龙村。

8. 赫章县（6项）：兴发乡小海村、雉街乡发达村、珠市乡韭菜坪村、珠市乡上寨村、铁匠乡处桌村、辅处乡葛布村。

9. 百里杜鹃风景名胜区（2项）：普底乡桥头村、金坡乡附源村。

九、铜仁地区（58个）

1. 铜仁市（4项）：漾头镇九龙洞村、瓦屋乡瓦屋村、大坪乡大坪村、和平乡和平村。

2. 松桃苗族自治县（6项）：牛郎镇大河沙村、蓼皋镇扒龙村、盘信镇大湾村、普觉镇尖山村尖山组、盘石镇响水洞村、世昌乡火连寨村。

3. 玉屏侗族自治县（4项）：平溪镇野鸡坪村、大龙镇蔡溪村、田坪镇江口村、新店乡朝阳村。

4. 万山特区（5项）：万山镇土坪居委会、敖寨乡中华山村、黄道乡小田村、下溪乡兴隆村、高楼坪乡林海村。

5. 江口县（4项）：太平乡梵净山村、双江镇凯市村、双江镇镇江村梭家寨组、闵孝镇渔良溪村。

6. 石阡县（7项）：坪山乡尧上村、坪山乡坪贯村、中坝镇河东村、国荣乡楼上村、枫香乡枫香村鸳鸯湖组、本庄镇庄乐村乐桥组、龙井乡克麻场村方家沟组。

7. 印江土家族苗族自治县（9项）：木黄镇燕子岩村、木黄镇五甲村、木黄镇金星村、新业乡锅厂村、新业乡芙蓉村、永义乡团龙村、永义乡永义村、郎溪镇河西村甘川组、合水镇兴旺村。

8. 思南县（7项）：板桥乡郝家湾村、塘头镇青杠坝村、思塘镇云山社区、长坝乡长坝村、杨家坳乡堰塘村、思林乡温家坡村、大坝场镇坪山村。

9. 德江县（6项）：潮砥乡新华村、楠杆乡兴隆社区、合兴乡朝阳村、长堡乡桥溪村、沙溪乡万坝村、桶井乡黎明村。

10. 沿河土家族自治县（6项）：谯家镇桂鲜村、淇滩镇三壶瓶村、土地坳镇木坪村、客田镇客田村、黄土乡简家村、塘坝乡岩头村。

乡村文化建设与农民社区认同研究
——以贵州民族地区为例

参 考 文 献

1. ［奥地利］凯尔森：《法与国家的一般理论》，沈宗灵译，中国大百科全书出版社 2000 年版。

2. ［德］迪尔克·克斯勒：《马克斯·韦伯的生平、著述及影响》，郭峰译，法律出版社 2000 年版。

3. 《马克思恩格斯选集》（第一卷），人民出版社 1995 年版。

4. 《马克思恩格斯全集》（第十九卷），人民出版社 1963 年版。

5. ［德］萨维尼：《论立法与法学的当代使命》，许章润译，中国法制出版社 2001 年版。

6. ［德］滕尼斯：《共同体与社会》，林荣远译，商务印书馆 1999 年版。

7. ［德］马克斯·韦伯：《经济与社会》，林荣远译，商务印书馆 1997 年版。

8. ［德］尤尔根·哈贝马斯：《交往与社会进化》，张博树译，重庆出版社 1989 年版。

9. ［法］埃米尔·涂尔干：《社会分工论》，渠东译，生活·读书·新知三联书店 2000 年版。

10. ［古希腊］亚里士多德：《政治学》，吴寿澎译，商务印书馆 1965 年版。

11. ［美］克利福德·吉尔兹：《地方性知识》，王海龙，张家瑄译，中央编译出版社 2000 年版。

12. （清）张广泗：《张广泗奏革除苗疆派累厘定屯堡章程折》，《清代前期苗民起义档案史料》，光明日报出版社 1987 年版。

13. 《侗族大歌走进国家大剧院》，见贵州民族民间文化资源信息网。

14. 《贵州"十二五"规划公共文化服务体系建设工程》，见贵州省人民政府网站。

15. 《贵州民族民间文化迎来多元发展路径》，见 http://www.g855.com/

zymr/2309. shtml。

16. 《贵州省"十二五"国民经济和社会发展规划纲要》，见新华网贵州频道，http：//www. gz. xinhuanet. com/2008htm/xwzx/2011 - 01/29/content_ 21977662. htm。

17. （明）沈庠，赵瓒：《贵州图经新志》卷十二，清平卫《风俗》。

18. （清）罗文彬，王秉恩：《平黔纪略》，贵州人民出版社 1988 年版。

19. 《我州县级文化信息资源共享工程安装完毕》，见黔南文广网，http：//www. qnwg. qnz. com. cn/html_ web_ qnz/ggfw/1129. html。

20. 《中共贵州省委关于贯彻党的十七届六中全会精神推动多民族文化大发展大繁荣的意见》，2011 年 10 月 28 日，新华网。

21. 《中共中央关于深化文化体制改革推动社会主义文化大发展大繁荣若干重大问题的决定》，2011 年 10 月 18 日，新华网。

22. 毕节市文明办：《毕节金沙县：农民文艺宣传队 唱响农村新生活》，见中国文明网，http：//gz. wenming. cn/zt/zrhy/ggwh/201301/t20130115_ 1028684. shtml。

23. 卞维国：《让先进文化成为新农村建设的"助推器"——江苏省泰兴市曲霞镇农村文化建设的实践与思考》，《红旗文稿》，2006 年第18 期。

24. 周世中等著：《西南少数民族民间法的变迁与现实作用》，法律出版社 2010 年版。

25. 陈庆德：《人类经济发展中的民族同化与认同》，《民族研究》，1995年第 1 期。

26. 崔光胜：《新农村文化建设的困境与破解对策》，《武汉冶金管理干部学院学报》，2011 年第 2 期。

27. 段秀丽：《让农村文化建设更加繁荣》，人民网理论频道，http：//theory. people. com. cn/GB/40537/14504656. html。

28. 方慧：《少数民族地区习俗与法律的调适——以云南省金平苗族瑶族傣族自治县为中心的案例研究》，中国社会科学出版社 2006年版。

29. 费孝通：《乡土中国》，生活·读书·新知三联书店 1985 年版。

乡村文化建设与农民社区认同研究——以贵州民族地区为例

30. 冯正明：《浅议党的先进性与农村文化建设》，《大众文艺》，2010年第 1 期。

31. 高其才：《中国少数民族习惯法研究》，清华大学出版社 2003 年版。

32. 高其才：《试论农村习惯法与国家制定法的关系》，《现代法学》，2008年第 3 期。

33. 广西壮族自治区文化厅本书组：《关于加强广西农村文化建设的调研报告》，见 http：//www. gxnews. com. cn/staticpages/20081230/ne-wgx495a30c0 – 1841018. shtml。

34. 贵阳市政协：《贵阳市公共文化服务体系建设与对策研究》，见 ht-tp：//jjzd. gygov. gov. cn/gyszx/722547369022849024/20130123/352789. html。

35. 贵州省民族事务委员会：《贵州省"十二五"民族事业发展十大推进计划》，见 http：//www. gzmw. gov. cn/ShowNews. aspx？NewsID = 1023。

36. 贵州省民族事务委员会：《贵州省"十二五"少数民族事业发展专项规划》，见 http：//www. qdnzmw. gov. cn/plus/view. php？aid = 191。

37. 何绪德：《仪陇农村文化建设的现状及对策思考》，《中共科技博览》，2012 年第 8 期。

38. 贺雪峰：《新乡土中国》，广西师范大学出版社 2003 年版。

39. 胡锦涛：《坚定不移沿着中国特色社会主义道路前进为全面建成小康社会而奋斗》，2012 年 11 月 8 日，新华网。

40. 胡振亚，胡波波：《新农村文化建设的困境及对策——基于徐州新农村文化建设情况的调查与分析》，《当代经济》，2009 年第 11 期。

41. 黄永林：《论新农村文化建设中的现代与传统》，《民俗研究》，2008年第 4 期。

42. 纪维建：《着力打造新型农村社区文化》，《理论学习》（山东），2012 年第 9 期。

43. 菅志翔：《族群归属的自我认同与社会定义——关于保安族的一项专题研究》，民族出版社 2011 年版。

44. 江泳辉：《关于农村文化建设的理性思考》，《湖南行政学院学报》，2005 年第 4 期。

45. 姜文静：《提高农民科学文化素质，增强农民精神生活内驱力》，《中国科技教育理论版》，2011 年第 3 期。

46. 蒋玉凤：《龙胜坳背"不拆旧房建新村"的启示——"三个代表"与西部贫困山村文化建设略谈》，《中共桂林市委党校学报》，2002年第 3 期。

47. 李克强：《李克强论城镇化》，《21 世纪经济报道》，见http：//news. hexun. com/2013－03－02/151637019. html。

48. 李应智：《贵州民族地区新农村文化建设的困境与对策研究》，华中师范大学硕士学位论文，2012 年。

49. 梁治平：《清代习惯法：社会与国家》，中国政法大学出版社 1999年版。

50. 刘放桐：《新编现代西方哲学》，人民出版社 2000 年版。

51. 刘柯：《贵州少数民族风情》，云南人民出版社 1989 年版。

52. 刘小新，魏然：《闽台文化产业合作》，江苏大学出版社 2012 年版。

53. 王国勇，刘洋：《非正式组织与农村社会控制研究》，《农村经济》，2011 年第 6 期。

54. 龙大轩：《乡土秩序与民间法律——羌族习惯法探析》，中国政法大学出版社 2010 年版。

55. 卢芳霞：《网格化管理、组团式服务与农村社区治理转型研究——以枫桥镇为研究样本》，2011 年中国社科院、浙江省委党校、浙江省社科联和浙江省委政研室共同举办的"加强和创新社会管理"理论研讨会论文集，见 http：//blog. sina. com. cn/s/blog_ 907a963601012 ya7. html。

56. 马桂华：《加强农村文化建设，构建和谐社会》，《理论学习》，2006年第 8 期。

57. 齐峰，林尚然：《农村文化建设的困境及其路径选择》，《理论学习》，2006 年第 3 期。

58. 榕江县政府办：《榕江县"五措施"着力构建公共文化服务体系》，见 http：//www. qdn. gov. cn/ML_ index_ nr. jsp？urltype＝news. NewsContentUrl&wbnewsid＝226611&wbtreeid＝1082。

59. 沈立人：《中国弱势群体》，民主与建设出版社2005年版。

60. 史炳军：《江苏·浙江新农村文化建设的比较分析》，《安徽农业科学》，2011年第15期。

61. 孙国华主编：《法学基础理论》，中国人民大学出版社1987年版。

62. 孙连才：《文化产业教程》，中国传媒大学出版社2012年版。

63. 孙文辉：《论生态文化建设的伟大意义》，《今日中国论坛》，2006年第2期。

64. 汪丽：《对创新农村文化建设长效机制的思考》，见http：//www. xncb. gov. cn/html/328/16170. html。

65. 王克岭：《微观视角的西部地区少数民族文化产业可持续发展研究》，光明日报出版社2011年版。

66. 文化部、财政部：《关于公布第一批创建国家公共文化服务体系示范区（项目）名单的通知》，见 http：//www. mof. gov. cn/zhengwux-inxi/bulinggonggao/tongzhitonggao/201106/t20110602_ 556575. html。

67. ［德］马克斯·霍克海默，西奥多·阿多诺：《启蒙辩证法》，渠敬东，曹卫东译，上海人民出版社2006年版。

68. 吴安明：《施秉民族民间文化调查与思考》，见 http：//www. qdnrm. com/a/redianzhuanti/2012/0905/85935. html。

69. 吴理财，李世敏，张良：《新农村建设中的农村文化：现状、问题及对策》，《当代中国农民文化生活调查》，知识产权出版社2011年。

70. 吴理财：《农村社区认同及重构》，《中共天津市委党校学报》，2011年第3期。

71. 吴晓燕：《从文化建设到社区认同：村改居社区的治理》，《华中师范大学学报（人文社会科学版）》，2011年第5期。

72. 吴振坤：《市场经济词典》，学苑出版社1999年版。

73. 向菊莉：《民族山区农村文化建设中存在的问题及其对策》，见 ht-tp：//roll. sohu. com/20120220/n335233603. shtml。

74. 项继权：《农村社区建设：社会融合与治理转型》，《社会主义研究》，2008年第2期。

75. 项继权：《中国农村社区及共同体的转型与重建》，《华中师范大学学报》，2009 年第 3 期。

76. 谢晶仁，余洋：《中国文化产业发展问题研究》，世界图书出版公司，2013 年版。

77. 谢妮：《贵州省民族民间文化教育现状研究》，《贵州民族研究》，2009 年第 3 期。

78. 谢庆生：《全省文化体制改革催生〈黔中早报〉——在〈黔中早报〉改版扩面新闻发布会上的讲话》，《安顺日报》，2010 年 10 月 19 日第 2 版。

79. 熊澄宇：《世界文化产业研究》，清华大学出版社 2012 年版。

80. 徐勇：《在社会主义新农村建设中推进农村社区建设》，《江汉论坛》，2007 年第 4 期。

81. 许蓓婷：《构建和谐社会　加强农村文化建设》，《知识经济》，2011 年第 11 期。

82. 阎云翔：《私人生活的变革：一个中国村庄里的爱情、家庭与亲密关系（1949—1999）》，上海书店出版社 2009 年。

83. 阎云翔：《中国社会的个体化》，上海译文出版社 2012 年版。

84. 杨浩：《晴隆农村公共服务体系基本建成》，《黔西南日报》，2011 年 12 月 12 日第 2 版。

85. 杨在军：《转型期农村文化困境及对当前政策的认同与困惑》，《调研世界》，2006 年第 8 期。

86. 杨曾辉，李银艳，彭书佳：《论鱼塘建构对文化生态的支撑功能——基于对贵州黄岗侗族社区的思考》，《原生态民族文化学刊》，2012 年第 1 期。

87. 于春敏：《论新时期农村文化遗产保护的困境与对策》，《广西师范大学学报（哲学社会科学版）》，2010 年第 4 期。

88. 负周生：《对农村先进文化建设的思考》，《甘肃农业》，2012 年第 21 期。

89. 远翠平：《全面建成小康社会中农村文化建设研究》，哈尔滨理工大学硕士学位论文，2007 年。

90. 张丽丽：《农村社区认同危机及其应对》，《沈阳农业大学学报（社会科学版)》，2012 年第 2 期。

91. 张良：《城市社区文化认同建设对农村社区文化认同建设的启示》，《华中师范大学研究生学报》，2009 年第 1 期。

92. 张鸣：《漫议乡间合作发生的文化条件》，《华中师范大学学报》，2004 年第 5 期。

93. 张胜冰，徐向昱，马树华：《世界文化产业概要》，云南大学出版社 2006 年版。

94. 张太成：《新民主主义革命时期毛泽东梁漱溟农村文化建设思想比较研究》，浙江师范大学硕士学位论文，2009 年。

95. 章建刚，陈新亮，张晓明：《我国公共文化服务存在的问题》，《学习时报》，见 http：//www. china. com. cn/xxsb/txt/2007 - 12/11/content_ 9371649. htm。

96. 赵晶媛：《文化产业与管理》，清华大学出版社 2010 年版。

97. 郑伦楚：《农村文化建设：困境与路径选择》，华中师范大学硕士学位论文，2008 年。

98. 周世中等著：《西南少数民族民间法的变迁与现实作用》，法律出版社 2010 年版。

99. 庄孔韶主编：《人类学通论》，山西教育出版社 2002 年版。

后 记

　　合上书页，闭上双眼，静静地回味着写作过程中的历历往昔，仿佛一切都还停留在落笔之前的感慨与激动。得益于贵州省人民政府优秀科技教育人才省长专项基金的资助，得益于国家民委人文社会科学重点研究基地——南方少数民族非物质文化遗产研究基地的支持，我们有足够的资金和精力撰写《乡村文化建设与农民社区认同研究——以贵州民族地区为例》这本书。

　　贵州民族地区乡村文化建设与农民社区认同研究，既是重大的理论问题，也是亟须破题的实践问题，它关涉到贵州地区全面建成小康社会的宏伟蓝图，同时也关系到民族地区能否实现跨越发展、快速赶超的重大战略，也是解决民族地区的风俗、历史、文化、自然地理与发达地区截然不同背景下文化建设的必由之路。这本书就是从经验事实中建构出贵州民族地区乡村文化与农民社区认同逻辑关系模型的尝试，希望贵州民族地区的乡村文化建设有的放矢。

　　在书稿的写作过程中，有过激烈地思想斗争，有过写后又推翻地困惑，有过彷徨于继续和停笔之间的踌躇，特别是贵州近年来发展快速、变化巨大，呈日新月异之势，实证材料的采集时效性太强，往往重复劳动，但最终是对民族地区的责任感使我们选择了继续，继续将这份初衷执着地画成了一个圆。

　　今天，手捧着这一沓载满情感的文字，我们感慨不已，感慨的是心中无数的想法最终能转换成文字跃然纸上，或许能成为所需之人的重要依据，或许能成为对农村社区建设的历史记忆，不管怎样总算是完成了落笔纸上的初衷；同时，我们也是激动不已的，激动的是我们在一次又一次地自我怀疑和否定中，终于完成了自我成长，于我们而言，就像是破茧成蝶的蛹那般令人感动。

这本书的顺利完成，还要特别感谢支持调研的民族地区乡镇干部和农民兄弟，感谢支持写作的贵州民族大学的领导和同仁们。

书是写完了，但是还有很多不足之处，对于农村社区建设的研究还需要更多地人来关注和探索，也期待同仁们中肯的批评。

责任编辑：辛岐波

美术编辑：飞　鸟

图书在版编目（CIP）数据

乡村文化建设与农民社区认同研究：以贵州民族地区为例/肖远平，刘洋著．—北京：人民出版社，2015

ISBN 978 - 7 - 01 - 015725 - 2

Ⅰ．①乡…　Ⅱ．①肖…　②刘…　Ⅲ．①农村文化—文化事业—建设—研究—中国　②农村社区—社区建设—研究—中国　Ⅳ．①G127　②D669.3

中国版本图书馆 CIP 数据核字（2016）第 009110 号

乡村文化建设与农民社区认同研究——以贵州民族地区为例
XIANGCUN WENHUAJIANSHE YU NONGMIN SHEQU RENTONG YANJIU
——YI GUIZHOU MINZUDIQU WEILI

肖远平　刘洋　著

人 民 出 版 社 出版发行

（100706　北京市东城区隆福寺街 99 号）

虎彩印艺股份有限公司　　　新华书店经销

2016 年 2 月第 1 版　2016 年 2 月北京第 1 次印刷

开本：710 毫米 × 1000 毫米　1/16　印张：12.25

字数：188 千字

ISBN 978 - 7 - 01 - 015725 - 2　定价：32.00 元

邮购地址 100706　北京市东城区隆福寺街 99 号

人民东方图书销售中心　电话（010）65250042　65289539